NUMMER 32

HANS-PETER HEMPEL

WAS LEHRT ZEN?

BELTZ
Athenäum

Für Margret

Gestaltung: Bayerl & Ost, Frankfurt am Main
Satz: Satz- und Reprotechnik GmbH, Hemsbach
Druck und Bindung: Druckhaus »Thomas Müntzer«,
Bad Langensalza
ISBN 3-89547-070-8

INHALT

VORWORT

Meister Yunmen sagt in ›Zen-Worte vom Wolkentorberg‹: »Solange das Licht noch nicht durchgedrungen ist (d.h. wir noch nicht vollständig erwacht sind), gibt es zwei Krankheiten. Die erste besteht darin, daß man sich Gegenständen gegenüber sieht und einem nichts klar wird. Die zweite besteht darin, daß man wohl (wie Zen es uns verspricht) zur Leerheit aller Phänomene durchdringen konnte, daß aber immer noch etwas da ist, das auf ganz versteckte Art wie ein Gegenstand ist.«

Wenn unsere geistige Verfassung frei von Gier, Haß und Selbstbetrug, d.h. stabil und ruhig wird, und wir uns auf den Weg gemacht haben, uns selbst und die Wirklichkeit, in der wir leben, unverstellt, d.h. ohne jede Einschränkung wirklich wahrzunehmen, dann werden wir auch dieses letzte Rätsel zu lösen imstande sein, von dem Meister Yunmen spricht.

Die in diesem Buch versammelten Vorträge richten sich an Menschen, die in *dieser* Welt leben, in *diesem* Leben die Lösung ihrer Probleme finden wollen und heute noch die Zivilcourage eines Neubeginns aufbringen.

Auch wenn ich meinen Weg bisher aus eigener Kraft – der meines inneren Gurus – gegangen bin, so habe ich dennoch unendlich viel meinen Lehrern zu verdanken: Asher und Keschav Rékai, der geistigen Schulung bei Krishnamurti, Osho, Ramana Maharshi, Lama Govinda und Tetsuo Roshi Nagaya Kinchi, der dem siebten Vortrag den Titel gegeben hat. Detailwissen konnte ich immer wieder dem ›Lexikon der östlichen Weisheitslehre‹ (Otto Wilhelm Barth Verlag) entnehmen, das ich jedem interessierten Leser als Nachschlagewerk empfehle.

Schließlich danke ich dem Verlegerehepaar Irmela und Axel Rütters für manchen guten Rat; und wieder Frau Annegret Weiß-Caletti für ihre unendliche Geduld bei der Her- bzw. Fertigstellung dieses mir sehr am Herzen liegenden Buches.

Berlin, Herbst 1994 Hans-Peter Hempel

BUDDHA, LAO-TSE UND KONFUZIUS. DIE PHILOSOPHIE CHINAS UND IHR EINFLUSS AUF EUROPA

Der Buddhismus gründet sich auf die Lehre des Siddharta Gautama, der im 6. Jahrhundert v. Chr. in Nordindien lebte. Buddha, der ›Erwachte‹, sprach zum ersten Mal in Benares um das Jahr 530 v. Chr. Er nahm die traditionellen Hinduvorstellungen von ›maja‹, ›karma‹ und ›nirvana‹ auf und gab ihnen – im Gegensatz zu ihrem fatalistischen Gehalt – eine neue dynamische Interpretation.

Der Überlieferung nach faßte Buddha seine Lehre, das ›dharma‹, in die Form der sogenannten ›Vier erhabenen Wahrheiten‹. Die erste Wahrheit benennt das Hauptmerkmal unseres menschlichen Seins, das ›dukha‹, was soviel bedeutet wie Leid oder Nichtzufriedenheit, das Sichaufhalten in der ›Haben‹-Struktur des ›Man‹. Dieses Leiden, diese ständige Unzufriedenheit, die wir alle an uns beobachten können, erwachsen aus ›trishna‹, der Schwierigkeit, sich der grundlegenden Lebenserfahrung im Hier und Jetzt wirklich stellen zu können, da alles, was ist, wir eingeschlossen, vergänglich ist.

Zu den ›Vier erhabenen Wahrheiten‹ gehört die Erkenntnis, daß Leid und Schmerz ein Ende haben können, daß es durchaus in unsere Möglichkeiten gegeben ist, aufzuwachen und Ausgeglichenheit zu finden, d. h., ›nirvana‹ zu erlangen. Wir müssen uns auf den Weg machen, das Buddha-Sein, d.h. die Wahrheit des eigenen Seins, in uns erkennen, wobei sich dieser Weg im ›Heiligen Achtfachen Pfad‹ erschließt, auf dem wir unsere Sinne entfalten und unser Bewußtsein maximal erreichen können. Neben einer Reihe ethischer Bedingungen, die erfüllt sein müssen, um das ›nirvana‹ in den ersten fünf dieser acht Bewußtseinsschritte bzw. -stufen zu erreichen, bezieht sich der ›Heilige Pfad‹ in den letzten drei Abschnitten vornehmlich auf die Meditation, auf die wir uns einlassen müssen, um schließlich die letztgültige Wirklichkeit erfahren zu können.

Wie lautet das ›Programm‹ dieses ›Heiligen Pfades‹?

Wir erreichen das Ziel erstens durch eine ernsthafte Betrachtung alles dessen, was ist; zweitens durch einen ernsthaften Entschluß; drittens durch eine aufrichtige Rede, nicht durch oberflächliches Sprechen; viertens durch unser verbindliches Verhalten uns selbst wie auch allen anderen gegenüber; fünftens durch ein rechtes Leben, den richtigen Lebensstil; sechstens durch Anstrengung; siebtens durch Achtsamkeit und achtens durch Meditation.

Dieser ›Heilige Achtfache Pfad‹ ist der Schlüssel zur ›samadhi‹-Erfahrung, zum totalen Erwachen, das seinem Wesen nach gleichbedeutend ist mit einem

Über- oder Unterschreiten der Welt der Unterscheidungen und Gegensätze, so wie wir sie heute unter den Bedingungen der industriell-wissenschaftlich-technischen Welt erfahren. Diesen Pfad zu beschreiten bedeutet, in jene Wirklichkeit einzutreten, die noch vor unserer Alltagsrealität liegt. Die Erkenntnis der Wirklichkeit als faktisches Dasein, als ›tathata‹, ist der eigentliche Ursprung der Lehre Buddhas, deren Quintessenz Zen darstellt. Zen, so lautet meine These, ist wiederum die Quintessenz aller religiösen Erfahrung jenseits der institutionalisierten Religionen bzw. Glaubenssysteme, auch der des uns bekannten, in sich fest gefügten Theraveda-Buddhismus.

Im Zen zu leben heißt, Gott, Himmel und Hölle nicht so wichtig zu nehmen. Wichtig ist ausschließlich, daß wir achtsam, d.h. aufmerksam zu leben beginnen. Alles andere findet sich von selbst. Buddha, ›Der Erwachte‹, lehrte: Folgt dem Weg des Wasserlaufs, wo immer das Leben uns hinführt, da ist unser Zuhause. Wir sollten uns dabei nicht so sehr darum kümmern, ob dieses Leben ein bestimmtes Ziel oder einen bestimmten Sinn hat. Möglicherweise werden wir das nie erfahren. Belasten wir uns daher nicht zu sehr mit solchen Fragen. Wenn wir gegen diesen Wasserlauf, d.h. gegen unser eigenes Leben ankämpfen, begeben wir uns ständig in unheilvolle Schwierigkeiten. Wir verbrauchen auf diese Weise nur immer wieder unsere Energien. Am Ende werden wir zu einer gänzlich anderen Haltung der Wirklichkeit gegenüber kommen. »Weg von der Grundhaltung des neuzeitlichen, perspektivistisch objektivierenden Subjektivismus [...]

hin zu einer Grundhaltung der Bescheidenheit, des Respekts und der Einführung in einen größeren und tragenden, unserer Herrschaft sich entziehenden Zusammenhang« (Padrut).

Auf diesem Pfad kommt es allein auf die Erfahrung der Wahrheit des eigenen Seins an – ohne Wahrheitsanspruch für andere Menschen. Dieses Sein bezeichnete Buddha als unser Buddha-Sein, das es zu erkennen bzw. wiederzuerkennen gilt – ohne Gewaltanwendung; wenn wir uns selbst und anderen gegenüber dabei Gewalt antun, zielen wir, wie uns der Bogenschütze zeigt, mit Sicherheit daneben. Der Sinn des Daseins kommt nicht auf uns zu, er fällt uns nicht in den Schoß; es bedarf der eigenen Anstrengungen, ohne sich wirklich anstrengen zu müssen – so paradox das auch klingen mag. Der Sinn unseres Lebens, nach dem heute so viele Menschen fragen, ist nicht vorgegeben, schon gar nicht in Form des Leistungsprinzips, das dann ›Sinnproduktion‹ heißt. Aber das, was wir schon immer sind, würde Buddha sagen, kann nicht er-›leistet‹ werden! Wir müssen erst einmal alles das loslassen, was nicht zum essentiellen Kern unseres Seins gehört; jeder kann das in seinem Alltagsleben praktizieren. Dies ist der Beginn eines von Grund auf meditativen Lebens, eines besinnlichen Lebens.

In der Meditation geht es vornehmlich um das Loslassen unserer Gedanken, die häufig gar nicht unsere eigenen Gedanken sind, in die Gedankenleere hinein, um uns von der Gedankentyrannei in uns zu befreien. Entscheidend ist dabei, daß wir auch nichts tun dürfen, um ›leer‹ zu werden, weil alles, was wir dann unter dieser Zielperspektive tun, nur wieder zur fixen Idee wird, frei und leer von Gedanken sein zu wollen! Wir müssen lernen, den Strom der Gedanken zu sehen, ihn wahrzunehmen und uns nicht gleich wieder mit Philosophie vollzustopfen – als ob wir am Straßenrand stünden und dem Fluten – nicht der Autos, das vielleicht auch! – unserer Assoziationen zusähen, ohne uns aber mit ihnen zu identifizieren. Dann wird die Karawane der uns tyrannisierenden Gedanken allmählich weiterziehen, weil wir keine Energie mehr in sie hineinstecken. Wir urteilen jetzt auch nicht mehr, wir ›billigen‹ unsere Gedanken nicht, wir verdammen sie aber auch nicht, im Grunde gehören sie uns schon nicht mehr. Sobald wir sie nach dieser oder der anderen Seite hin verurteilen, beteiligen wir uns nur wieder an einem Spiel – in diesem Fall an der Unterdrückung von Gedanken. Wir werden geschwächt, weil wir letzten Endes doch nur wieder der besiegte Partner sind.

Alle uns bisher bekannten Religionen lehren, daß wir uns von der Sünde – im Christentum von der Erbsünde – befreien sollen. In allen Religionen sind immer wir das Zentrum, wir die Krönung der Schöpfung, so daß es nicht wundernimmt, daß wir uns über alles erheben, auch noch über ›Gott‹. Alle Religionen sagen: ›Befreie Dich von allem, woran Du hängst.‹ Der Buddha jedoch geht einen wesentlichen Schritt weiter, wenn er sagt: ›Befreie Dich auch von Dir selbst‹, weil sich von allem zu befreien, woran man hängt, immer nur wieder eine Einschränkung, d.h., eine Lebenseinschränkung wäre. Der wahre, authentische Sucher, der Mensch ›in der Revolte‹ (Camus), befreit sich nicht nur von den

Dingen und Gedanken, die ihn unentwegt tyrannisieren und ihn ›im Griff‹ haben, sondern auch noch von sich; er läßt schließlich auch noch die Vorstellung vom ›Ich bin‹ hinter sich und ist nur noch Sein, unverfügendes und unverfügbares Sein. Er verzichtet mit anderen Worten auf jede Form der Machtausübung. Mit unserem ›Willen zur Macht‹ sind und bleiben wir Buddha zufolge das Zentrum allen Unglücks, so daß, was immer wir auch tun, wir nur die Form unseres Unglücks wechseln, was aber soviel bedeutet, daß immer nur wir das Problem sind und alle anderen Probleme von sekundärer Bedeutung. Das ›Selbst‹, das ›Ich‹, schließlich der metaphysisch gesteuerte ›Wille zur Macht‹ ist nicht der höchste Wert. Wenn wir ihm folgen, bewegen wir uns in einer Vorstellungswelt, in einer von uns hergestellten, phantasierten Welt. Erst jenseits von ihr sind wir wirklich. Diese als ›Leere‹ bezeichnete Dimension ist überhaupt nichts Negatives – ganz im Gegenteil: Ohne ›Selbst‹ zu sein heißt, im Sinne des von mir vorhin so bezeichneten Buddha-Seins, ohne Grenzen zu sein. Wir sind dann nur noch reine Bewußtheit. Wenn wir völlig leer sind von ›Sein‹ und ›Nichtsein‹, von dem uns programmierenden ›Verstand‹ und ›Nichtverstand‹, sind wir alles: Wir sind dann zum ersten Mal wirklich frei. Unsere ›Selbstheit‹ schafft noch ›Grenzen‹, die wir zu guter letzt, wenn wir an den ›Achtfachen Pfad‹ denken, auch noch hinter uns lassen müssen. Niemand kann das für uns tun, sagt Buddha in seinen Lehrreden, wir müssen es selbst tun. Jeder muß sich selbst auf den Weg machen und in sich hineinschauen, um zu sehen, wo das Licht, das unser Leben ausmacht, her-

kommt. Entscheidend ist dann, daß wir ohne Angst in diese Richtung gehen. Wir treffen, wenn wir konsequent diesen Weg gehen, eines Tages auf unser Zentrum – und beginnen zu verschwinden.
Als Buddha im Jahr 485 v.Chr. starb, ließ er eine rasch anwachsende Gemeinschaft von Anhängern zurück, die sich in zahllose Sekten spaltete; schließlich bildeten sich zwei bedeutende Schulen heraus: die des ›Therevada‹ und die des ›Mahayana‹.
Der ›Therevada‹-Buddhismus vertrat eher eine konservative Interpretation, die sich eng an die Buchstaben der Lehre hielt, wohingegen der ›Mahayana‹-Buddhismus viel offener und freier das Augenmerk auf den substantiellen Gehalt richtete.
Der ›Mayahana‹-Buddhismus – auch das ›Große Fahrzeug‹ der Befreiung aus der Umklammerung der fiktiven Welt genannt – entwickelte sich schließlich zu der führenden Schule und verbreitete sich über ganz Asien, nach Nepal, Tibet, China, Japan, bis nach Europa. Er kam auf diese Weise in Berührung mit Menschen und Völkern der verschiedensten Kulturen und Mentalitäten, die die ursprüngliche Lehre mit ihren eigenen Traditionen verwoben.
Als der Buddhismus zu Beginn des 1. Jahrhunderts n.Chr. nach China kam, traf er dort auf eine über 2000 Jahre alte Kultur, in der philosophisches Denken außerordentlich viel galt – besonders nach der späten Tschou-Periode (etwa 500 bis 221 v.Chr.). Das hochentwickelte soziale Bewußtsein des chinesischen Volkes widerspiegelnd, befaßten sich sämtliche philosophischen Schulen Chinas mit gesell-

schaftlichen Problemen. Parallel dazu war der mystische Aspekt ausgeprägt, der das Augenmerk mehr auf die Transzendenz, d.h. mehr auf das Erlangen einer höheren Ebene des Bewußtseins richtete.

Wir haben es, auf eine kurze Formel gebracht, in der chinesischen Philosophie mit beiden Seiten der menschlichen Natur zu tun: mit dem sozialen Engagement und der Kontemplation. Auch wenn der Weise einen Zustand der mystischen Einheit mit dem Universum erreicht hat, lebt er nach chinesischer Auffassung nicht abgehoben von der Welt, in irgendeiner jenseitigen Sphäre spirituellen Seins, sondern befaßt sich gleichermaßen mit dem Alltagsleben.

Während des 6. Jahrhunderts v.Chr. hatte sich das chinesische Denken schon in zwei voneinander unabhängige philosophische Schulen gespalten: den Konfuzianismus und den Taoismus.

Der Konfuzianismus war ein Konglomerat allgemeingültiger Maßstäbe und Lebensregeln, deren Hauptaufgabe darin lag, eine Ethik für die traditionelle soziale Ordnung der damaligen chinesischen Gesellschaft und ihrer komplexen, fast absurd ritualistischen Struktur, einen ›ewig gültigen‹ Ordnungsrahmen zu schaffen. Konfuzius schuf ein sämtliche Schichten umfassendes Erziehungs- und Schulsystem und verankerte damit die Normen sozialen Verhaltens in der chinesischen Gesellschaft.

Der Taoismus hingegen berief sich auf Lao-tse, einen älteren Zeitgenossen des Konfuzius, der sich vornehmlich mit Naturerfahrungen und dem Erforschen ihres ›Weges‹, des Tao, befaßte. Glückseligkeit ist erlangt, so heißt es im Tao-te-king, wenn wir, auf unsere – in uns selbst bereits angelegte – intuitive Weisheit vertrauend, in freier Spontaneität handeln.

Das Tao, von Heidegger als der Weg aller Wege bezeichnet – dem buddhistischen ›tathata‹ (So-sein) ähnlich –, wird als Urgegenwart des Universums, in dem wir alle miteinander oder gegeneinander leben, erfahren. Es handelt sich um jene Urgegenwart, die in der ihr von Natur aus innewohnenden Dynamik den kosmischen Prozeß des ständigen Fließens und Sichwandelns allen Seins bewirkt. Diese beiden Richtungen des Denkens werden in China bis in die unmittelbare Gegenwart hinein als komplementär, als zwei Seiten ein und derselben menschlichen Natur, verstanden.

Auf den Konfuzianismus wurde in der Erziehung der Kinder, denen man die für das gesellschaftliche Leben nötigen Regeln und Rituale einpaukte, größter Wert gelegt, während die Erwachsenen sich eher dem Taoismus zuwandten, um ihre usprüngliche Spontaneität gleichsam wieder zurückzugewinnen. Die taoistischen wie die konfuzianischen Lehrer wiesen aber vergeblich darauf hin, daß ein derart voneinander abgehobenes Verständnis der beiden Seinsweisen weniger komplementär als vielmehr zynisch sei, bedeute es doch eher die Festschreibung der Aufgespaltenheit des Menschen in verschiedene Teilbereiche statt eine diese Spaltung verwandelnde Integration. Hört man genauer hin, so hält diese Diskussion bis zur Stunde unter den Gelehrten an.

Lao-tse lebte wahrscheinlich im 4. Jahrhundert v. Chr., also in der Epoche der ›Kämpfenden Staaten‹, wie diese Periode der chinesischen Geschichte genannt wird, während der Agonie des Feudalismus. China zerfiel damals in etwa zehn souveräne Großstaaten, die einander mit allen Mitteln der List und Gewalt bekämpften, um die Alleinherrschaft über das Reich zu gewinnen. Die früher mächtige Tschou-Dynastie führte nur noch eine Schattenexistenz.

Lao-tses Familienname soll Li gewesen sein; sein Rufname als Kind war angeblich Erk. Lao-tse ist eher ein posthumer Ehrentitel: Er bedeutet ›Alter Meister‹. Einer gebildeten Familie entstammend, soll Lao-tse Staatsarchivar in den Diensten der Tschou-Dynastie gewesen sein. Als er den unaufhaltsamen Verfall des Reiches sah, habe er sein Amt niedergelegt, um nach dem fernen Westen aufzubrechen. Auf seiner Wanderung soll ihn der Zöllner gebeten haben, die Reise für eine Weile zu unterbrechen und seine Gedanken aufzuzeichnen. Das Ergebnis dieser Aufforderung war das uns allen vertraute Tao-te-king. Diese Anekdote aus dem berühmten Geschichtswerk des Sze-Ma Thsien hat Brecht zu einem seiner schönsten Gedichte angeregt. Sze-Ma Thsien nennt Lao-tse einen Weisen, der danach gestrebt habe, »sich verborgen zu halten und sich keinen Namen zu machen«. Niemand weiß daher auch, wann und wo Lao-tse starb, nachdem er sein Büchlein vom Tao niedergeschrieben hatte. Er verschwand in aller Stille und Einsamkeit. Sowenig wir über Lao-tses Biographie wissen, so unerschöpflich scheint jedem, der sich in sie versenkt, seine Lehre.

Tao-te-king heißt wörtlich übersetzt: ›Das ehrwürdige Buch von Tao und Te‹. Te wird im allgemeinen mit Tugend, Rechtschaffenheit und Redlichkeit übersetzt. Tao bedeutet ›der Weg‹, aber es ist besser, dieses Wort völlig unübersetzt zu lassen und statt dessen, es umkreisend, seinen Sinn zu erörtern. Übersetzungen mit Sinn, Ziel, Vernunft, gar Gott, sind schief und irreführend. Tao ist ein Schlüsselwort des chinesischen Denkens, doch es war erst Lao-tse, der seine Bedeutung wirklich entfaltete. Deshalb nennt man seine Lehre auch Taoismus. In ihrer reinen Form wurde sie allerdings nur von wenigen verstanden und überliefert. Im Laufe der Jahrhunderte wurde sie darüber hinaus noch von einer Fülle magisch-schamanistischer Vorstellungen und allerlei okkultem Aberglauben verdunkelt und entstellt.

Am Grunde sämtlicher Vorstellungen vom Tao – und allein das ist für uns hier entscheidend – findet man Ordnung, Harmonie, kosmisches Gesetz, Alleinheit. Tao ist – wovon sich jeder überzeugen kann – unsichtbar, unhörbar, ungreifbar, unbestimmbar und dennoch vollendet. Sein Wesen ist Ruhe und Stille – und dennoch entspringt ihm aller Wandel! Weil es Alles ist, erscheint es wie Nichts. Deshalb taucht immer wieder jener Begriff der Leere auf, die aber, wie wir nun schon wissen, höchste Fülle darstellt. Auf keinen Fall darf man sie mit Gott im Sinne der biblisch-christlichen Überlieferung gleichsetzen. Das heißt nicht, daß Tao den Gott oder die Götter leugnet. Weder theistisch noch atheistisch faßte Lao-tse das Tao als den unaussprechlichen Urgrund des Seins auf, der früher als die ›Welt der zehntausend Dinge‹, früher auch als Götter und Dämonen gesehen wurde. Der authentische Taoismus kennt keinen Schöpfer, vielmehr erscheint ihm das Universum als das spontane Ergebnis der Wechselwirkung von Yin und Yang, der beiden Urkräfte des Tao. Yin ist das dunkle, ruhende, intuitive, weibliche Prinzip, Yang das helle, bewegliche, rationale, männliche. Beide Kräfte gehören wie das Ein- und Ausatmen zu unserem Leben.

Yin und Yang sind eine explizite Zweiheit, die eine implizite Einheit ausdrücken. Im Yang ist Yin keimhaft enthalten wie umgekehrt Yin im Yang. Diese Polarität erfüllt das Weltall, sie durchdringt alle Formen und Ebenen unseres Daseins. Ihre Bedeutung reicht von der Astronomie bis zur Medizin, von der Koch- bis zur Liebeskunst. Die Eigenart des Laotseschen Gedankens besteht aber darin, daß er, ungeachtet der grundsätzlichen Polarität von Yin und Yang, dem weiblichen Pol (Yin) einen gewissen Vorrang einräumt. Damit hängt auch seine Lehre von der ›Stärke der Schwäche‹ eng zusammmen. Die Yin-Kraft weiblicher Ruhe und Nachgiebigkeit ist, wie er immer wieder betont, wirksamer, dauerhafter und siegreicher als die Yang-Kraft heftig aufbrausender Aktivität. In diesem Sinne heißt es im Tao-te-king: »Das Weiche bewahren heißt stark sein«, wobei das Weiche und Zarte im Reich der Elemente dem Wasser entspricht, dem weiblichen Aspekt des Universums.

Wenn wir auf der Suche sind – und das ist ja gar nicht so selbstverständlich –, auf der Suche nach einem Weg, wie dem des Buddha oder des Lao-tse, auf der Suche nach einer Richtung, auf der Suche nach Bedeutung, nach einem Sinn unseres Daseins, auf der Suche nach uns selbst, werden wir zu Wanderern. Im Gegensatz zu den Dingen, die immer gleichbleiben und sich nicht bewegen können, und den Tieren, die bereits vollständig geboren werden, sind wir Menschen die einzigen Wesen auf diesem Planeten – und vielleicht im ganzen Universum –, die eine Entwicklung, eine Bewegung, einen Wachstumsprozeß durchlaufen können, ja auch durchlaufen müssen, wenn sie überhaupt am Leben bleiben wollen. Wir Menschen werden nicht nur älter, sondern müssen uns auch in Richtung auf neue Bewußtseinsebenen, auf neue Wachheiten und neue Erfahrungsräume hin entwickeln – und wir können uns dahin entwickeln, weil das Potential in uns vorhanden ist! Wir haben die Möglichkeit, uns selbst zu transzendieren und damit permanent über unseren augenblicklichen Bewußtseinszustand hinauswachsen. Wir sind, um mit Bloch zu sprechen, ein Werden ganz besonderer Art. Wir werden als Menschen geboren und können als Buddha oder als Lao-tse sterben, mithin als Wesen, die ständig über sich selbst hinausgehen und in ihrem Leben eine neue Dimension erreicht haben, die man Erleuchtung, Erwachen oder Göttlichkeit nennen kann, wobei damit das Leben ›in seiner Bewegung‹ gemeint ist: in seiner Freude und Ekstase. Sobald wir in dieser Bewegung anhalten, sind wir schon tot, auch wenn wir weiteratmen. Die hier gemeinte Bewegung, wie wir sie dann u. a. im T'ai Chi wiederfinden, eröffnet erst das bislang unbekannte Leben.

Das hervorstechendste Charakteristikum der Bewegung des Tao ist und bleibt der zyklische Verlauf des immerwährenden und gewährenden Kommens und Gehens. Dieses Prinzip – der Wechsel von Tag und Nacht, Sommer und Winter, von Keimen und Verblühen – wurde mit der Einführung des Gegensatzpaares Yin und Yang als der beiden Pole, die den Kreislauf des stetigen Wandelns umschließen, begriffen. So schreibt Wang-Ch'ung: Das Yang, seinen Höhepunkt erreicht habend, verschwindet zugunsten des Yin / das Yin, seinen Höhepunkt erreicht habend, verschwindet zugunsten des Yang. Oder in den Worten des I-Ching: Das, was jetzt das Dunkle, / jetzt das Licht erscheinen läßt, / ist das Tao.

Yin bedeutet ursprünglich die schattige, und Yang die sonnige Seite des Berges. Yin und Yang versinnbildlichen das Universum in seinen gegensätzlichen Polaritäten – des Positiven und des Negativen, des Unten und des Oben, des Männlichen und des Weiblichen usw. –, die in ihrer dynamischen Beziehung das Lebendige des Lebens selbst ausmachen.

So basiert u.a. auch die traditionelle chinesische Medizin auf diesem Prinzip. Chuang-Tzu, der berühmte Meister des 3. Jahrhunderts v. Chr., schreibt darüber im ›Wahren Buch vom südlichen Blütenlande‹: Gesundheit ist die ineinandergewobene Harmonie von Yin und Yang. Diese Harmonie entsteht durch ein kontinuierliches Fließen der Lebensenergie, Chi genannt, wobei jede Krankheit als eine Störung der ausgewogenen Balance, als Blokkade im energetischen Fluß zwischen den Polen Yin und Yang angesehen wird. So sagt Huai-Man-Tzu, ein Philosoph des 2. Jahrhunderts v. Chr.: Dem, der in Einklang mit dem Tao / den natürlichen Vorgängen des / Himmels und der Erde folgt, / wird es ein leichtes sein, / die ganze Welt zu gestalten.

Die Lehre des Buddhismus, wie sie im 1. Jahrhundert unserer Zeit in Form der sutras der Mahayana-Schule ebendieses China des Lao-tse erreichte, hatte auf ihrem Wege durch ganz Südostasien eine Vielzahl von Interpretationen und Änderungen erfahren sowie durch alle die unterschiedlichen Kulturen, mit denen sie dabei in Berührung gekommen war, einen großen Farbenreichtum gewonnen. Diese Mahayana-sutras waren Schriften, die die chinesischen Philosophen von Anfang an dazu anregten, Buddhas Wort auch vor dem Hintergrund ihrer eigenen Traditionen zu beleuchten und weiterzuentwickeln. Das äußerst fruchtbare Zusammenfließen dieser philosophischen Ströme gipfelte schließlich in der Entwicklung zweier voneinander getrennter, jedoch ihrem Wesen nach komplementärer Schulen.

Auf der einen Seite bildete sich die Lehre des Hui-Yen-Buddhismus heraus, die in der Tradition des gerade erörterten taoistischen Denkens spürbar verwurzelt blieb. Parallel und komplementär dazu erwuchs aus der taoistischen Tradition eine Art pragmatische Disziplin des Buddhismus, die ihren Schwerpunkt mehr auf die praktischen, im alltäglichen Leben erlebbaren Aspekte legte. Die Absicht dieser Schule, der der name ›Cha'an‹ gegeben wurde, war das Abwerfen all des Ballastes, der sich inzwischen um die Lehre Buddhas herum angesammelt hatte, eine Reinigung der Lehre von allen Dogmen und Ideologien. Es handelte sich um den Versuch, sein ursprüngliches und eigentliches Wesen freizulegen, unter gänzlich neuen Bedingungen. Dieser Ch'an-Buddhismus fand seinen eigentlichen Höhepunkt während der Sung-Dynastie im 10. und 11. Jahrhundert nach Chr., als ein Austausch mit Ideen von Gelehrten anderer Länder, besonders Koreas und Japans, stattfand. Mit dem Einfall der Mongolen im 12. Jahrhundert begann die Bedeutung dieser Schule zu schwinden. Ihre Lehre jedoch bewahrte sich in Japan und kam dort unter dem Namen Zen zu gänzlich neuer, eigenständiger Blüte.

Die japanische Schreibweise und Aussprache des chinesischen Wortes Ch'an, stellt eine Transliteration des Sanskrit-Begriffs ›dhyan‹ dar, was soviel wie Meditation, wörtlich: »zu höherem Bewußtsein führende Wahrnehmung« bedeutet.

Zen, so könnte man vielleicht sagen, spiegelt heute völlig gegensätzliche Strömungen des ostasiatischen Denkens wider, wie etwa den rituellen Okkultismus Tibets, die tiefe Liebe des Taoismus für das Natürlich-Spontane, die Hindumythologie des alten Indiens und das durch und durch pragmatische Denken der Konfuzianer. Zen ist damit die lebendige Vergegenwärtigung der höchst differenzierten Entwicklungsverläufe der bisherigen Menschheitsgeschichte und damit auch ein Erbe, das in den letzten Jahrzehnten erneut u.a. auch unseren krisengeschüttelten Kontinent, nämlich Europa, und die USA erreicht hat, ohne daß wir heute schon sagen können, was am Ende dabei herauskommen wird, wenn wir uns wirklich (und nicht nur zum Zeitvertreib) diesem interkulturellen Dialog mit der asiatischen Kultur stellen.

YOGA UND DIE KRISE DER TECHNISCHEN WELT

Wenn wir heute von Fortschritt sprechen, denken wir in erster Linie an den wissenschaftlich-technischen Fortschritt der Industriegesellschaften, also an den Fortschritt einer relativ begrenzten, aber äußerst expansiven Region. Das radikale Infragestellen dieses Fortschritts gehört heute zwar zum Credo ebendieser Gesellschaften, nicht aber zu dem der sogenannten Dritte-Welt-Länder, die ganz im Gegenteil so schnell wie möglich den Segnungen dieser Industriegesellschaften teilhaftig werden möchten.

Diesem monströsen Denken entspricht das Realitätsprinzip der imperialen kapitalistischen Produktionsweise mit ihren gesellschaftlichen und politischen Machtverhältnissen auch in unserem Lande. Das herrschende Vergeudungs- und Verschleißprinzip bedeutet: Neues muß in jedem Fall ständig durch Neues noch überboten werden – und zwar um jeden Preis, auch wenn wir Menschen dabei zugrunde gehen.

Die Gesetzmäßigkeiten dieses Realitätsprinzips, die

von Marx, Nietzsche und Freud exakt analysiert wurden, liegen offen zutage. Und alle Versuche, aus diesem ruinösen System wieder auszubrechen, sind gescheitert. Sowohl die einst ›real existierenden autoritären und diktatorischen‹ als auch die einst ›real existierenden sozialistischen‹ Lösungen haben uns bis in die unmittelbare Gegenwart hinein gezeigt, daß sie nicht in der Lage waren, einen wirklich durchgreifenden qualitativen Wandel herbeizuführen, weil sie selbst Produkte der Gesamtentwicklung der letzten 200 Jahre darstellten. Mittlerweile hat sich allerdings in diesen Ländern das Bewußtsein entwickelt, daß dieser Fortschritt uns früher oder später umzubringen droht! Entscheidend ist, daß die Probleme dieses Fortschritts von uns Menschen verursacht wurden (und weiter verursacht werden), so daß erwartet werden kann und auch erwartet werden muß, daß sie von uns Menschen auch bewältigt werden.

Wir sollten in dieser zugespitzten Lage erkennen, daß es für absehbare Zeit keine Fluchtmöglichkeiten mehr gibt und daß uns gerade der Fortschritt zu dieser Einsicht nötigt!

Es geht jetzt darum, daß wir angesichts der Gefahren des als durchaus ambivalent zu bezeichnenden Fortschritts so radikal wie möglich die Frage nach unserem Woher, Wohin und Wozu in einer Weise aufnehmen, daß wir sie nicht so sehr an die etablierten Wissenschaften richten, sondern an uns selbst – wirft uns doch gerade der Fortschritt ohne jede Einschränkung auf uns selbst zurück.

Wir sollten jede mögliche Hoffnung, die uns von uns selbst forttreibt, aufgeben. Yoga hilft uns dabei.

Yoga erweitert unsere Wahrnehmungsfähigkeit. Als Lebensform hilft es uns, weder ausschließlich den Weg nach innen zu beschreiten noch uns gänzlich nach außen hin zu bewegen und sowohl individuell als auch gesellschaftlich das Sokratische Programm – Erkenne Dich selbst – umzusetzen. Nichts anderes will die yogische Praxis.

Voraussetzung eines solchen Lebens ist die Erfahrung seiner ganzen Fülle und Vieldimensionalität. Und diese Erfahrung beginnt mit der Wahrnehmung unserer Leiblichkeit. Aus der Perspektive unserer eindimensionalen, vom Fortschritt determinierten Wahnwelt bedeutet dies, auf den Boden der Tatsachen zurückzukehren. In dem Maße, in dem wir unsere Leiblichkeit wieder wahrzunehmen beginnen, nehmen wir auch (wieder) die Dinge und die Menschen, mit denen wir leben, wahr – was natürlich zuerst einmal Ängste in uns auslöst.

Die »Verheißungen« des Fortschritts haben das Sterben der Wälder und des Bodens nach sich gezogen. Mit der Klimakatastrophe werden wir unsere Selbstvernichtung vollenden. Es ist an der Zeit, uns radikal der Zukunft zu stellen. Mehr noch als bisher sollten wir uns der Ambivalenz dieses Fortschritts bewußt werden, so daß sich auch die Verheißung der Moderne von ganz allein relativiert und wir bezüglich unserer Ansprüche an die Industriegesellschaft bescheidener würden. Dann könnte uns bewußt werden, daß wir die Folgen dieses Fortschritts eben nicht mit den Mitteln dieses Fortschritts beheben können, wie das eine naive Folgewirkungsforschung uns glauben machen will. Statt dessen ist eine grundlegende Veränderung unserer Lebensgestaltung und -perspektive angezeigt, die mit diesem Fortschritt nicht identisch sein kann, sich aber seiner bedient.

Der Fortschritt muß heute eine andere Wertorientierung erhalten, andernfalls bleiben Leere und Bedeutungslosigkeit seine Resultate. Wenn auch die sozioökonomischen Bedingungen, wie Marx und später auch Freud gezeigt haben, einen nicht zu unterschätzenden Einfluß haben, so ist es m. E. dennoch falsch, ausschließlich die gesellschaftlichen Verhältnisse für die Leiden der Menschen verantwortlich zu machen. Die Gesellschaft vermag keine erlösende Aufgabe zu übernehmen – wie uns die ›real existierenden sozialistischen‹ Gesellschaften vor Augen geführt haben. Das gilt für alle gesellschaftlichen Utopien, die kollektivistische Ideale verfolgen, deshalb in bürokratischen Herrschaftsformen erstarren und die Kreativität des Individuums lähmen oder völlig außer Kraft setzen. Im Gegensatz dazu ist die Erkenntnis, daß die Individualität als unverfügbare Dimension des Menschen, die sich jedem wissenschaftlichen und philosophischen, ja auch theologischen Zugriff entzieht, die zentrale Errungenschaft der einstigen bürgerlichen Revolution, hinter die auch ein Sozialismus nicht mehr zurückfallen darf. Aus diesem Grunde müssen auch die Nietzscheaner daran erinnert werden, daß der Mensch in der Tat ein ›nicht festgestelltes Tier‹ – ein nicht feststellbares Wesen ist, dessen Wesen und innere Substanz nicht meßbar, nicht kalkulierbar, nicht bewertbar, nicht zu Geld machbar und auch nicht mit anderen Lebewesen vergleichbar ist.

Wenn ich so starkes Gewicht auf die Unverfügbarkeit und Individualität der Menschen lege, dann will ich damit in keiner Weise leugnen, daß wir auch in gesellschaftliche Verhältnisse eingebunden sind. Was aber in den Diskussionen um den angeblich esoterisch-idealistischen Charakter des Yoga und ähnliche auf das Individuum abhebende Formen der Befreiung immer wieder unterschlagen wird, ist die Tatsache, daß auch sie die beengenden und uns zur Unmündigkeit verurteilenden gesellschaftlichen Bedingungen verändern wollen. Es gibt keine yogische Praxis jenseits der sozioökonomischen wie psychosozialen Situation.
So wie jede Individualanalyse in eine Sozialanalyse einbezogen ist, so bewegt sich auch die yogische Praxis, wenn sie uns wirklich zu einer stärkeren Wahrnehmungsfähigkeit und Selbstverantwortlichkeit verhelfen will, nicht in einem gesellschaftsfreien Raum, sondern sie umfaßt die Interaktion unterschiedlicher Individuen in ihrem psychosozialen Beziehungsfeld: die Zweierbeziehung, die Familie, die Gruppe und die Institutionen. Damit wendet sie sich gegen die etablierten Dogmen sozialen Zusammenlebens und gegen die das Individuum zerstörenden Machtstrategien. Ich stimme hier Horst-Eberhard Richter zu, der in seinem Buch ›Die Chancen des Gewissens‹ davon spricht, daß man seinen Mitmenschen oder sich selbst nur dann hinreichend verstehen kann, wenn man die psychosozialen Verhältnisse und das Schicksal der Familie mitbedenkt – ohne die Introspektion aufzugeben. Das Bewußtwerden schmerzlicher psychischer Unfreiheit könnte Kräfte freisetzen, die zu gesell-

schaftsverändernden Interventionen führen könnten. Auch für die yogische Praxis gilt die von Marcuse formulierte Dialektik der Befreiung: kein radikaler gesellschaftlicher Wandel ohne radikalen Wandel der Individuen, keine Veränderung der Individuen ohne gesellschaftliche Veränderung.
Bislang hat sich der Mensch immer nur zu seiner Außenwelt hin bewegt. Jetzt gilt es – um der kollektiven Selbstvernichtung zu entgehen – zu sich selbst aufzubrechen. Der Mensch wurde bislang vom Fortschritt überrannt, wohingegen es jetzt darauf ankommt, ihn im Sinne des Sich-selbst-Entdeckens zu verstehen, um auch die ihn umgebende und ihn bestimmende Wirklichkeit, die tiefer greift als alle sozioökonomischen Parameter, neu zu interpretieren. Yoga ist meiner Überzeugung nach die Methode, um dieses Ziel erreichen zu können.
Dabei darf Befreiung im yogischen Sinne nicht mit Erlösung verwechselt werden. Yogisches Wissen ist kein Verklärungswissen. Letzteres geht davon aus, daß die Welt nichtig ist und daß das Leben mehr oder weniger nichts wert ist, so daß so schnell wie möglich nach einem Weg gesucht werden muß, aus der Lebensfalle wieder herauszukommen. Wirkliche Befreiung, wie wir sie im Yoga anstreben, geht demgegenüber in das n-dimensionale Leben hinein und setzt sich ihm auch in seinen Alltagsformen aus, indem es das Leben bejaht, so wie Gott es, jedenfalls dem Bericht der Genesis zufolge, doch ganz offensichtlich zu seiner eigenen Zufriedenheit geschaffen hat. Bejahung des Lebens heißt: es zu leben und es in einer grenzenlosen, d.h. unendlichen Offenheit zu leben, ja permanent zu feiern.

Die hinduistischen, buddhistischen und taoistischen Lehren, denen sich die Yoga-Lehre verbunden weiß, streben daher im Hier und Jetzt – und nicht erst in oder nach dem Tode – einen Zustand der Erfüllung und der Befreiung an, indem sie die Welt der etablierten Erfahrungen total in Frage stellen, um sie in ihrem jeweiligen fiktionalen Charakter durchschauen zu lernen. Der Yoga-Lehre zufolge sind es gerade die uns zur Gewohnheit gewordenen Fiktionen, d.h. die von uns gewohnheitsmäßig ständig vorgenommenen Identifikationen, die unser eigentliches Leiden, ›unser neurotisches Elend‹, ausmachen und für unser ständiges Unbehagen und unser Sinnlosigkeitsgefühl, ja unseren Unfrieden sorgen.

In der yogischen Praxis erfolgt ein allmählicher Abbau, ja schließlich eine Loslösung von diesen Fiktionen, um die Wirklichkeit in ihrer n-Dimensionalität jenseits der eindimensionalen Welt in einer unverstellten und nicht blockierten Weise zu erfahren – nicht im theologischen, sondern sozusagen im soziologischen Sinne. In dem Maße, in dem wir uns durch Körper- und Atemübungen leibhaftig erfahren und nicht wieder vor uns selbst weglaufen, weil wir wieder Kopfexperimente und -geburten veranstalten, in dem Maße kommen wir unserer Wahrheit auf die Spur. Sobald wir aber nicht mehr vor unserer eigenen Wahrheit weglaufen, trennen wir uns von unserem bislang vertrauten Wahrnehmungs- und Verhaltensmuster. Der erste, wenn nicht gar der wesentliche Schritt zu unserer Befreiung hat dann stattgefunden!

Yoga ist nicht nur eine spezifische Lebensform und

-qualität, sondern eine Disziplin, mit deren Hilfe ich durch eine sich allmählich vertiefende Wahrnehmungsfähigkeit die bisherige, ausschließlich fiktionale, wahnhafte Welt – gewöhnlich Realität genannt – aufzulösen in der Lage bin.
Zu diesen Fiktionen gehört der heute immer noch vorhandene Aberglaube an eine sichere, absicherbare Welt, die jeden von uns in ihre Grenzen einschließt sowie die Vorstellung, wir könnten jenseits dieser Welt Erlösung finden, ohne daß wir diese Welt in ihrer Fülle und Weite erfahren haben. Unser tägliches Leben nötigt uns anstelle der Erfahrung dieser Fülle und Weite ein routinemäßiges, konventionelles Verhalten auf, das darauf angelegt ist, nur noch eine einzige Realität für möglich bzw. diese Realität schon für die eigentliche Wirklichkeit zu halten.
Wenn Don Juan einst versuchte, Castañeda zu einer Auflösung der etablierten Realität zugunsten einer entgrenzten Wirklichkeitserfahrung zu bewegen, indem er sein Bewußtsein zunächst durch die Droge zu verändern versuchte, so ist und bleibt dieser Weg für die yogische Praxis verschlossen, weil es auf diesem Weg gerade darum geht, ohne ein derartiges Hilfsmittel dauerhaft zu erfahren, was in uns und um uns herum vor sich geht.
Halluzinogene Pilze bewirken in unserer Psyche die gleiche Raum-Zeit-Verzerrung wie das intuiziatorische Koma, wo der Kandidat im Geist die Zerstückelung seines Körpers erlebt. Das steht in unversöhnlichem Gegensatz zu den Zielen des Yoga, geht es doch in der yogischen Zen-Praxis – ich will es noch einmal unterstreichen – nicht um die

Erfahrung selektiver Wahrnehmung, um eine partielle Wahrheit meiner selbst und meiner Umwelt, sondern um die unverzerrte und unzerstückelte Erfahrung des Ganzen der Wirklichkeit, in der ich und in der wir heute leben.

In dem Maße, in dem wir die Welt der etablierten Erfahrungen total in Frage stellen, lernen wir den fiktionalen Charakter zu durchschauen, der gewöhnlich unser Weltbild von frühester Jugend an bestimmt hat. Gerade die zur Gewohnheit gewordenen Fiktionen und von uns ständig vorgenommenen Identifikationen bestimmen unser eigentliches Leiden, unser neurotisches Elend und sorgen für unser Unbehagen, unsere Leere und unseren Unfrieden, der den allgemeinen Unfrieden widerspiegelt. In der yogischen Zen-Praxis erfolgt ein allmählicher Abbau, ja schließlich eine Loslösung von diesen Fiktionen und den in uns verankerten Identifikationsbedürfnissen, um, wenn vielleicht auch in einigen Fällen etwas schmerzhaft, endlich die Wirklichkeit jenseits der bislang vertrauten Realität in ihrer n-Dimensionalität unverstellt erfahren zu können. Mit Hilfe der yogischen Atem- und Körperübungen erfahren wir uns erstmals leibhaftig in unserer Wahrheit. Und dann erfahren wir auch uns und unsere Umwelt neu. Auch in dieser Hinsicht lösen sich unsere Fiktionen auf. Diese Entidentifikation schafft Raum für Neues und begründet ein anderes Verständnis von Wirklichkeit.

Das yogische Wirklichkeitsverständnis basiert nicht auf festgelegten und Allgemeingültigkeit beanspruchenden Kategorien, die Welterklärungsanspruch haben. Es zeigt uns allerdings, daß wir uns

so, wie wir leben, von der tatsächlichen Lebenswirklichkeit entfernen, von ihr abschneiden, ja uns von ihr verabschieden.
Dieser Vorgang entspricht dem ruinösen Sozialisierungsprogramm unserer Industriegesellschaft, das unser Wirklichkeitsverständnis und unsere Lebensmöglichkeiten auf geradezu verhängnisvolle Weise einschränkt und einengt, ja uns den Lebensatem – und das im wahrsten Sinn des Wortes – raubt! Zu diesem unser Leben bestimmenden Einschränkungs- und Tötungsprogramm gehört auch das Bild, das jeder von sich hat; dazu gehören auch unsere Lernblockaden, die von fixen Vorstellungen, was unter Begabung zu verstehen sei, bestimmt werden. Zu diesem Programm gehören auch unsere Einschätzungen, was wir als schwierig oder weniger schwierig, als angenehm oder unangenehm empfinden. Unser gesamtes Verhaltens- und Gefühlsrepertoire ist das Ergebnis unserer Lernerfahrungen von unserem ersten Atemzug an. Nicht erst seit Freud wissen wir, daß das Eigentliche, Unvertretbare im Laufe der das Kind permanent einschränkenden ›Erziehung‹ verdrängt werden mußte.
Verdrängt heißt jedoch nicht, daß unser ›Eigentliches‹ für immer und ewig schon verloren ist! Auch Freud hat gezeigt, daß es durchaus möglich ist, das Verschüttete wieder bewußt werden zu lassen. Ohne diesen Prozeß wird sich nichts an den gesellschaftlichen und politischen Verhältnissen ändern können. Unsere Eindimensionalität ist also kein ausschließlich philosophisches Problem, sondern ein sehr praktisches, bedeutet doch Eindimensio-

nalität Einengung; Krankheiten sind Symptome für das Scheitern von Befreiungsversuchen, die zu Depressionen und Psychosen führen können.
Von diesen Einengungen sind aber nicht nur psychisch Kranke, sondern auch Gesunde betroffen. Sie wirken im Körper, im Denken, Fühlen, Handeln, in den Geschlechtsrollen, in der Sexualität, der Kreativität und im Selbstausdruck des Menschen; sein eigentliches Potential wird, mit anderen Worten, lahmgelegt, wobei die psychisch Kranken im Grunde genommen nur die Extremfälle sind, die sich gegen die Selbstentfremdung wehren.
In einem gewissen Gegensatz zu Freud, auf dessen Argumente ich nicht weiter eingehen werde, geht die Yoga-Praxis nicht an der Leiblichkeit des Menschen vorbei, so wie Yoga überhaupt die Spaltung des Menschen in ein körperliches, geistiges und psychisches Wesen ablehnt. In dem Maße, in dem wir uns der Wahrheit unserer Leiblichkeit bewußt werden, eröffnen sich uns auch erst neue Dimensionen unserer sprachlichen Existenz. Um nicht in den alten Fehler zu verfallen und erneut einen Begriffsberg vor uns aufzutürmen, lernen wir durch bestimmte Körper- und Atemübungen erst einmal zu leiben, in unserem Körper zu wohnen, um uns so u. a. der Erfahrung der in uns vorhandenen Lebensenergie auszusetzen. Dieser Prozeß ist äußerst angstbesetzt, und wir sind ihm schutzlos ausgeliefert. Deshalb weichen wir dieser Energie immer wieder aus, weil wir nicht wissen, was geschehen wird, wenn wir uns ihr ausliefern. Um ein Beispiel zu nennen: Im Tantra-Yoga muß unsere Energie von unserem Sexualzentrum zum Scheitelzentrum

bewegt werden. Aber gerade unserer Sexualität weichen wir unter den Bedingungen, unter denen wir aufgewachsen sind, immer wieder von neuem aus! Die Folge ist, daß viele von uns diese Energie unterdrücken und sie allzu bereitwillig unterhalb ihres eigentlichen Niveaus halten, statt sich ihrer bewußt und achtsam zu bedienen. Wilhelm Reich hat uns eindrucksvoll gezeigt, wie wir auch noch die letzten Energiereserven aufbieten, um unser tatsächlich vorhandenes Energieniveau um jeden Preis unterhalb unserer eigentlichen kreativen Kapazität halten zu können, so daß es gar nicht so verwunderlich ist, wie viele Menschen heute ständig an Energiedefiziten leiden. Ihnen ist nicht bewußt, daß sie selbst es sind, die sich diese Defizite verschaffen! Yoga lehrt: Erst wenn unser ganzer Körper von der ihm unabgeblockt ständig zur Verfügung stehenden Energie durchpulst wird, erst wenn jede einzelne Zelle unseres Körpers energetisch revitalisiert worden ist, erst dann kann der entscheidende Bewußtseinssprung vollzogen werden, der erforderlich ist, um jene, auch politischen, Veränderungsprozesse in Bewegung setzen zu können.

Die für uns alle sichtbaren Gefahren des technischen Fortschritts haben nicht zuletzt ihre Ursache in unserem grenzenlosen Machtwahn, der Fiktionen nachläuft und zur Stunde dabei ist, auch noch das ökologische Gleichgewicht endgültig zu zerstören. Der Bewußtseinssprung, den ich meine, muß notwendigerweise ein Sprung vom Bekannten, d.h. vom Rad der ewigen Wiederkehr des Gleichen, ins unliebsame Unbekannte hinein sein. Ohne einen solchen Sprung werden wir in keinem Fall Grundlegendes ändern. Aus yogischer Sicht haben wir es unser ganzes Leben lang versäumt, vom Bekannten in das Unbekannte, vom vorgeblich Versicherbaren, das nur eine, wenn auch vielleicht die tödlichste Fiktion in unserem Leben darstellt, in unsere eigentliche Sicherheit zu springen.

Daß wir springen können, hat drei Gründe:

- Unsere Geschichte ist in ihrem Woher, Wohin und Wozu gänzlich offen. Jeder philosophische und wissenschaftliche Systementwurf ist bislang immer noch von den tatsächlichen Gefahren ad absurdum geführt worden und wird ganz sicher auch in Zukunft ad absurdum geführt werden. Das heißt, daß sich über unsere tatsächliche Zukunft zu keiner Zeit eine verläßliche Auskunft geben lassen wird. Auch eine noch so exakt ausgearbeitete Trendextrapolation bleibt im Hinblick auf die von ihr antizipierte Apokalypse immer noch ungenau, ›unscharf‹;
- der Mensch ist als geschichtliches Wesen ein freiheitliches Wesen, ein nicht festgelegtes, ein im Grunde auch nicht festlegbares Wesen, so daß auf ihn das gleiche wie für die Geschichte zutrifft. Sie kann von keinem noch so perfekten Begriffssystem in ihrem Gang wirklich festgelegt bzw. vorausgesagt werden. Anthropologisch formuliert: Kein noch so perfekt ausgeklügeltes Begriffssystem kann den Menschen definieren, ihn festlegen, so daß alle Aussagen, die sich diesem Zwang fügen, ins Leere greifen;
- der Fortschritt bietet uns trotz der extremen Gefahren, die er in unseren Breitengraden hervor-

gebracht hat, doch auch die Chance, uns den Fragen in aller Radikalität neu zu stellen.

Gerade weil der »personale Kern« (Jaspers) des Menschen von keinem Begriffssystem fixiert werden kann, kann auch unsere Freiheit nicht bewiesen werden. Sie kann nur immer wieder von jedem einzelnen von uns bezeugt werden. Damit geht folgendes einher:

- daß wir Menschen von uns selbst und der Wirklichkeit, in der wir leben, ständig Abstand nehmen, d.h., Distanz zu uns, zu den anderen Lebewesen und zu den Dingen um uns herum herstellen können, um auf diese Weise achtsam nach unserem Sein in der von uns gelebten Welt fragen zu können;
- daß wir über uns und die Welt, in der wir leben, reflektieren, um so nicht zuletzt dadurch unser Selbst- und Weltverständnis grundlegend verändern zu können;
- daß wir Menschen in dem Maße, in dem wir uns diesen Fragen und diesen Aufgaben stellen, uns auch erst unserer Freiheit bewußt werden und gegen einen Fortschritt revoltieren, d.h., gegen das Zerstörungspotential Widerstand leisten können.

Wenn wir den Freiheitsgedanken ernst nehmen, dann hat das zur Folge, daß es den Menschen ›an sich‹ ebensowenig geben kann wie die Natur ›an sich‹ oder die Geschichte ›an sich‹. Das zu wissen ist kein Nachteil für uns, ganz im Gegenteil. In diesem Wissen liegt gerade unsere Freiheit und die stets vorhandene Möglichkeit beschlossen, unser Da-

Sein nicht bloß hinzunehmen, sondern auch bewußt gestalten und umgestalten zu können.
Dazu gehört auch, daß wir uns Zug um Zug von den Kategorien des technischen Fortschrittsdenkens in seinen dogmatischen Ansprüchen befreien, um so nicht gegen, dafür im Widerspruch zu diesem Fortschritt das bislang durch ihn Verborgene und Unterdrückte, ja Ausgegrenzte hervorzukehren.
Yoga stellt in diesem Zusammenhang die nach meinem Dafürhalten heute umfassendste Theorie und Praxis unserer Evolutionsmöglichkeiten dar, weil die yogische Zen-Praxis auf die stufenweise Entfaltung unseres Bewußtseins ausgerichtet ist. Yoga strebt, mit anderen Worten, als Methode auf dem hier von mir bezeichneten Weg eine weit höhere Ebene des Bewußtseins an und damit auch eine völlig andere Dimension des Seins und der Wirklichkeit als die eindimensionale, die wir bisher erfahren haben und die uns letzten Endes an den Rand unserer Existenz geführt hat. Yoga dient auch und erst recht der politischen Emanzipation des Menschen von den nach wie vor existierenden politischen Fiktionen und Ideologien, die trotz der großartigen Errungenschaften der Aufklärung unser Alltagsbewußtsein heute nach wie vor bestimmen.

YOGA – DER WEG

Vollkommene Entspannung ist das höchste. Es ist der Augenblick, in dem wir zum Buddha werden. Yoga dient einzig diesem Zweck.

Wir beginnen mit der Entspannung an der Peripherie unseres Seins. Wir entspannen unseren Körper, unseren Atem, unsere Gedanken. Wir gehen auf entspannte Art, wir essen auf entspannte Art, wir reden und hören auf entspannte Art. Wir verlangsamen jeden Ablauf und jeden Schritt.

Spannung heißt Eile, Angst, Zweifel. Spannung bedeutet, ständig in Eile zu sein, sich schützen, sich absichern, in Sicherheit leben zu wollen. Spannung heißt, sich ständig auf das Morgen vorzubereiten oder auf das Leben nach dem Tode – aus Angst, daß wir morgen das Leben nicht mehr leben können. Spannung bedeutet, die Vergangenheit, die wir möglicherweise nicht wirklich gelebt, sondern an der wir uns irgendwie vorbeigemogelt haben, im nachhinein doch noch be›wältigen‹ zu wollen. Sie hängt uns an, schließlich überwältigt sie uns.

Wir beginnen uns im Yoga von der Peripherie her zu

entspannen. Der erste Schritt ist die Entspannung unseres Körpers. Sobald wir uns ihm wirklich zuwenden, ihn wahrnehmen, setzt schon die Entspannung ein. Wir gehen in unseren Körper hinein und suchen von Kopf bis Fuß nach jeder Stelle, wo möglicherweise Spannungen existieren.
Wir sprechen mit jedem Teil unseres Körpers, als sprächen wir mit einem Freund. Es entsteht ein Dialog zwischen uns und unserem Körper, dem wir sagen, daß es nichts mehr zu befürchten gibt und keine Angst vonnöten ist. Nach und nach setzt die gewünschte Entspannung ein. Auf keinen Fall instrumentalisieren wir unseren Körper und ›bearbeiten‹ ihn auf irgendeine Weise. Yoga ist kein Fitneßtraining.
›Âsanas‹ bereinigen und verändern relativ schnell unsere ineffizient gewordenen Bewegungsmuster bzw. -abläufe. Sie lösen unsere Verspannungen – die in den ersten Stunden unserer Yoga-Praxis möglicherweise noch zunehmen – und bringen bestimmte Muskelblockaden dazu, sich allmählich aufzulösen. Wir können auch sagen: Durch die ›âsanas‹ bieten wir uns selbst Bewegungsalternativen an und eröffnen neue Wege, die wir sowohl körperlich, psychisch wie auch mental leben (leiben) können. Die Spannungen, das merken wir schon nach wenigen Stunden, sind häufig nichts anderes als Identifikationen mit allen möglichen und unmöglichen Gedanken und Vorstellungen, die um unseren Tod, um die Erfahrung unserer Endlichkeit kreisen und zu spezifischen Ängsten führen.
Wenn wir uns auf den Yoga-Weg einlassen und damit die Verantwortung für uns übernehmen, betre-

ten wir völlig neues Terrain. Yoga zu praktizieren wird dann gleichbedeutend mit einem Aufbruch ins Unversicherbare; wir lassen uns jetzt auf von uns bislang vermiedene Bereiche unseres Daseins ein.

Die körperlichen, seelischen, und geistigen Schmerzen, die dabei auftreten, dauern nur so lange an, bis wir es gelernt haben, uns in diese uns bislang völlig unbekannten Bereiche bzw. Dimensionen hineinzubegeben – und loszulassen. Aber auch danach noch kommen in dem Maße, in dem wir auf diesem Weg fortschreiten, längst verschüttet gedachte Erinnerungen und Gefühle an die Oberfläche unseres Wahrnehmungsbewußtseins. Wir spüren zugleich aber auch eine tiefe Lebensenergie, so daß wir letzten Endes alles, was von nun an geschieht, willkommen heißen und dafür dankbar sind.

Unsere verschiedenen Leiden in der Vergangenheit haben Verspannungen und Muskelblockaden kreiert, wobei stets auch ein erheblicher Energieaufwand damit verbunden war, die Schmerzen in unserem Unterbewußtsein überhaupt festhalten zu können; diese befreite Energie fließt uns in unseren Yoga-Übungen wieder voll zu.

Sobald wir uns unserer Erinnerungsschmerzen bewußt zu werden beginnen, fangen wir auch schon an, sie loszulassen. Nach kurzer Zeit fühlen wir uns freier. Wir beginnen, immer mehr und Neues in uns und um uns herum wahrzunehmen und achtsamer als bisher zu leben (zu leiben).

Diese Achtsamkeit wird sich trotz weiterhin auftretender Rückschläge zu einem kontinuierlichen Prozeß entwickeln, dem wir uns, einmal in Gang gesetzt, dann auch nicht mehr widersetzen können; unser Leben hat eine neue Qualität gewonnen. So können wir unsere Arme und Hände, wie wir es häufig auch tun, ohne Achtsamkeit bewegen, und wir können unsere Arme und Hände achtsam bewegen. Tun wir letzteres, beginnen merkwürdige Dinge zu geschehen: Gedanken und Vorstellungen, aber auch Gefühle, die uns bislang im wahrsten Sinne des Wortes quälten, verschwinden – eine lautlose Stille steigt nicht nur in uns auf, sondern umgibt uns von nun an auf unserem Weg.

Zu jeder Yoga-Stunde gehören ›pranayama‹ und ›dhyana‹. Wir atmen tief durch den Mund mit dem Laut ›OOOOOO‹ aus. Unser Bauch zieht sich ein, die Luft entweicht. Und wir fahren fort, den Laut ›O‹ zu intonieren. Er wird automatisch zum ›AUM‹ werden. Wir singen einfach den Ton ›O‹. Wenn dieser Ton harmonischer wird und wir Spaß daran haben, bemerken wir, daß er zum ›AUM‹ geworden ist. Aber zwingen wir ihn nicht, zum ›AUM‹ zu werden; dann klingt er falsch. Wenn er hingegen spontan zum ›AUM‹ wird, vibriert etwas von innen her in uns. ›AUM‹ ist der tiefgehendste, der harmonischste und der grundlegendste Ton, den wir kennen.

Wenn diese Bewegung von selbst geschieht und wir in der Musik dieses Tons zu fließen beginnen, entspannt sich unser Körper, unser Atem fließt ungehindert, unsere Gedanken treten zurück. Im Laufe der Zeit verändert sich unsere Befindlichkeit bzw. unsere Grundstimmung, wir werden wacher, bewußter und gelassener.

Wenn wir ausgeatmet haben und feststellen, daß

wir nicht mehr weiter ausatmen können, wenn der Atem also völlig hinausgegangen ist, halten wir für einen Moment inne. Wir atmen jetzt weder ein noch aus und halten unseren Atem lediglich aus. Wir tun nichts mehr, wir atmen nicht einmal mehr. Wir werden jetzt zum Beobachter bzw. Zeugen und sehen auf diese Weise nur noch zu, was geschieht.
Wir wissen dabei durchaus, wo wir uns befinden. Wir beobachten die Situation, die mit dem ausgehaltenen Augenblick gegeben ist, und uns wird jetzt bewußt: Die Zeit existiert nicht mehr, weil Zeit sich offensichtlich mit unseren Atemzügen bewegt. Atmen ist mit anderen Worten der Fortgang der Zeit. Weil wir atmen, fühlen wir Zeit vergehen. Wenn wir nicht mehr atmen, ist die Zeit ›stehengeblieben‹, als wenn unsere gesamte Existenz mit uns stehengeblieben wäre. In diesem kurzen Aushalten des Atems können wir uns des Ursprungs unseres Daseins und unserer Energie bewußt werden.
Im Anschluß hieran atmen wir wieder durch die Nase ein. Leicht und ohne Anstrengung. Wir ›lassen‹ einatmen, ohne jede Anstrengung. Wir selber machen gar nichts.
Wir haben ausgeatmet, einen Moment innegehalten, und haben unserem Körper nun erlaubt, wieder einzuatmen. Wenn wir dann unseren Körper bei diesem Einatmen beobachten, fühlen wir, daß uns wieder jene bisher unbekannte Stille umgibt, von der ich vorhin sprach. Wir wissen jetzt, daß unsere Anstrengung nicht benötigt wird, um am Leben zu bleiben. Das Leben atmet sich selber. Es bewegt sich von allein, aus einem eigenen Antrieb heraus. Es ist ein Fluß. Unser Ich wird nicht mehr

gebraucht. Im Grunde werden wir nicht gebraucht.
Wir beobachten unseren Körper, wie er den Atem annimmt. Wir nehmen auf diese Weise eine tiefe Stille in uns wahr. Wenn der Körper den vollen Atem angenommen hat, halten wir wieder für einen Moment inne und beobachten. Wir spüren dann, diese beiden Momente sind völlig verschieden voneinander.
Wenn wir ausgeatmet haben und dann innehalten, dann … Wenn wir eingeatmet haben und dann innehalten – dann stellt dieses Anhalten den Höhepunkt unseres Lebens dar.
Dieser Rhythmus, dem wir nun folgen, entspricht unserem eigentlichen Lebensprozeß. Wir werden mit jedem Einatmen geboren und sterben mit jedem Ausatmen wieder, was folgendes bedeutet: Der Tod steht nicht am Ende und die Geburt nicht am Anfang: In jedem Moment ereignet sich unser Leben und unser Tod.
Der Yoga-Weg beeinflußt unsere Lebensweise. Wann immer wir diesen Weg gehen (und nicht so sehr darüber sprechen, sondern ihn auch durch alle Krisen hindurch gehen), verändert sich unsere Befindlichkeit und damit auch das Klima, in dem wir leben. Die Fragen, die uns immer noch zu Recht der technische Fortschritt stellt, sind dann fast nur noch von sekundärer Bedeutung. Wir gewinnen ihm gegenüber ein Verhältnis völliger Gelassenheit. Indem wir Teile unseres Körpers in den ›âsanas‹ auf ungewohnte Weise bewegen, entdecken wir bestimmte Begrenzungen bzw. zwanghafte Bewegungsabläufe. Wenn wir ihrer bewußt werden,

besteht die Möglichkeit, uns daraus zu lösen. Wir gewinnen Schritt um Schritt, von Tag zu Tag, von Woche zu Woche ein anderes Verhältnis zu uns selbst, zu unseren Mitmenschen und zur Wirklichkeit überhaupt. Indem wir uns anders, nicht mehr starr wie in einem Zwangskorsett, bewegen, beginnen wir uns auch in unserem Alltag anders zu verhalten.

Wenn wir in der Lage sind, unseren Körper zu entspannen, sind wir im nächsten Schritt auch schon in der Lage, unserem Verstand zu helfen, sich zu entspannen. Es dauert nur ein wenig länger, aber auch er kann sich entspannen. Dann beginnen wir, die Welt unserer Gefühle, unserer Emotionen, die noch komplexer und noch komplizierter als die unseres Körpers und unseres Verstandes ist, zu beruhigen. Nur dann, wenn wir diese drei Schritte gegangen sind, ist es uns möglich, nun auch noch den vierten und letzten Schritt zu gehen. Wir können endlich zum innersten Kern unseres Wesens vordringen, zum eigentlichen Zentrum unseres Seins. Diese Entspannung bringt mit Gewißheit die größtmögliche Bejahung des Lebens mit sich, daß alle anderen uns bislang vertrauten Hilfsmittel, unser Leben zu leben, von uns abfallen.

Unsere Existenz vollzieht sich jetzt in einer entspannten Bewegung. Wir Menschen können höher steigen als die von uns erfundenen Götter und tiefer fallen als Tiere. Uns steht ein weites Spektrum von Möglichkeiten zur Verfügung: vom Niedrigsten zum Höchsten.

Beginnen wir mit unseren Entspannungsübungen beim Körper und gehen wir dann – wie aufgezeigt –

allmählich tiefer in die Entspannung hinein. Versuchen wir, langsamer als bisher zu gehen. Buddha pflegte zu seinen Schülern zu sagen: »Geht ganz langsam und macht euch jeden Schritt ganz bewußt.«
Wenn wir uns jeden Schritt beim Gehen bewußtmachen, gehen wir zwangsläufig langsamer als bisher. Eine neue Qualität der Bewußtheit beginnt sich in uns bemerkbar zu machen; Entspannung stellt sich ein. Wir fühlen uns frei.
Wir können mit anderen, mit den vielen Menschen um uns herum, zusammen dann auch endlich allein sein. Letzteres scheint mir wichtig. Wir brauchen Raum für uns, für unser Alleinsein, für die Wahrnehmung unserer Stille im Trubel unseres Alltags. Wenn wir daher zuviel mit anderen Menschen zusammen sind, besteht die Gefahr, daß wir von ihnen abhängig werden. Über unseren Aktivitäten, über unserem Pläneschmieden und unserem ständigen Gedankenaustausch, der bald schon keinen substantiellen Gedanken mehr enthält, vergessen wir, in uns hineinzuhören, und verlieren so den Kontakt zu uns und schließlich zu den anderen.
Wir sind und bleiben im Kern unseres Wesens allein, was nicht heißt, daß wir uns nicht gegenseitig bedingen. Unser Alleinsein, unser Selbst brauchen wir dabei nicht erst zu gewinnen; unser Selbst ist kein Ding, schon gar keine Ware. Unser Alleinsein, unser Selbst ist schon immer da. Wir müssen es nur in uns entdecken, frei-setzen, d.h., aus dem Müll und Schutt, den die sozialisationsbedingte Erziehung in uns hinterlassen hat, befreien.
Wenn es uns gelingt zu entspannen, beginnen wir,

unsere eigene Energie zu spüren, intensiv, leidenschaftlich und total, so daß sie uns, wenn wir uns wirklich auf sie einlassen, zu lenken, zu führen beginnt. Wir nehmen so vielleicht zum ersten Mal in unserem Leben u.a. unsere Wirbelsäule wahr. Die einzelnen Wirbel sind dabei die Basis unseres möglichen aufrechten Gangs, wobei der Kopf das eine und das Steißbein das andere Eckstück ist. Wenn unsere Wirbelsäule jung ist, sind wir auch jung; ist sie alt, sind auch wir alt. Wenn wir unsere Wirbelsäule jung erhalten, erhalten wir uns auch im ganzen jung. Wenn unsere Wirbelsäule lebendig ist, sind wir auch lebendig; wenn sie taub und tot ist, sind wir es auch. Yoga versucht, unsere Wirbelsäule mit Hilfe unseres Atems wieder zum Leben zu erwecken bzw. lebendig zu erhalten.

Die Wirbelsäule, bezeichnenderweise auch Rückgrat genannt, hat über die schon genannten beiden Enden hinaus noch zwei Enden, das untere, das Basis-Chakra, und das obere, das Scheitel-Chakra. Die Wurzel der Wirbelsäule ist an die Erde gebunden. Durch sie kommen wir mit der Natur, mit der Erde, mit dem Stofflichen in Berührung. Durch das obere Zentrum, das Scheitel-Chakra, stehen wir mit dem Göttlichen, dem Geheimnis, mit dem Mysterium unseres Lebens in Berührung. Diese beiden Pole bestimmen im wesentlichen unsere Existenz.

Entscheidend ist, daß wir lernen, unsere Energie allmählich aufwärts fließen zu lassen, was natürlich so lange nicht möglich ist, wie wir leiblich blockiert sind. Sobald unsere Energie aufwärts fließt und uns von der einen Bewußtseinsebene zur

nächsthöheren führt, beginnen unsere Probleme zu schwinden: Wir leben bewußter, wacher.
Wie gelingt es uns nun, die Energie aufwärts zu lenken, durch das Rückgrat gegen die Schwerkraft, die die Energie, unserer Erfahrung entsprechend, immer wieder zur Erde, zur Basis zurückfließen lassen will, zu dem einen Pol? Sehr bald schon machen wir die Erfahrung, daß sich unsere bisherige körperliche, seelische und geistige Struktur auflöst. Wir verlieren die Grenzen unserer bisherigen, wenn auch nur mühsam zusammengehaltenen Identität und verschwinden im Unbekannten, im Namenlosen. Unsere Ängste sind dabei häufig nur auf eine einzige Angst zurückzuführen, auf die Angst vor einem mehrdimensionalen Leben. Dann gilt es, Yoga zu praktizieren und den einmal eingeschlagenen Weg unbeirrbar durch alle Krisen hindurch weiter zu gehen.
Die Chakren-Lehre ist – in Zusammenhang mit der Lehre von den fünf Körpern bzw. Hüllen – die Lehre der Psychosomatik des Yoga. In unserer Pubertät, unserer Kindheit, Geburt, in unserer Vorgeburtsphase haben wir häufig schwere Enttäuschungen und Verletzungen erlitten, die unser Leben bis heute äußerst negativ beeinflussen, wenn wir es vielleicht auch noch nicht bemerkt haben. Natürlich steigen diese traumatischen Erlebnisse im Yoga wieder in uns auf, sofern wir die damit verbundenen Erinnerungen jetzt auch zulassen. Die Qualität unseres Yoga entscheidet sich gerade in dem Ausmaß dieser Offenheit.
Das Kind in uns hat sich aus Angst vor seelischen Schmerzen geschützt, indem es Strategien entwik-

kelt und seelisch begründete Körperspannungen ausgebildet hat, die das Überleben möglich gemacht haben. Für den Erwachsenen sind diese Strategien häufig sinnlos, sind zum inneren Gefängnis geworden: Sie halten ihn in der alten Angst fest, das Leben von seinem Unbewußten her bestimmen zu lassen. Auf diese Weise werden die alten Leiden auf häufig qualvolle Weise ständig wieder reproduziert.

Im täglich geübten Yoga geht es u.a. darum, sich von diesen Fesseln zu lösen, indem alte Verletzungen aufgedeckt, noch einmal bewußt durchlebt werden und schließlich verheilen können. Wir geben damit die lebensfeindlichen Programmierungen aus der Vergangenheit auf, treffen neue Lebensentscheidungen und investieren schließlich so unsere Kraft ohne weitere Ängste und An- und Verspannungen in unseren aufrechten Gang.

ZEN, DIE BLÜTE DES YOGA

Jeder von uns weiß, daß Zen in Japan zur Blüte gelangte, aber wenige wissen, daß Zen seinen Geburtsort in Indien hat. Zen hat seine Wurzeln im Yoga, ja Zen ist eigentlich die Blüte des Yoga.

Zen hat sich im ›Osten‹ in einem sehr langen Prozeß herausgebildet, der im klassischen Yoga begann und in Buddha seinen ersten Höhepunkt fand. Eine lange Tradition des weiblich-empfänglichen Geistes ging dem voraus.

Der ›Osten‹ ist seit je weiblich, während der ›Westen‹ männlich ist: aggressiv und imperial. Der ›Osten‹ war immer aufnahmebereit, offen, so daß Zen hier schließlich auch zur Blüte gelangen konnte. Bei uns im ›Westen‹, die wir alles andere als aufnahmebereit sind, dafür eher alles und jedes zu einem Angriff werden lassen und es mit Biß machen, ist Zen nur eine ganz spezifische Art von Schauspielerei und gerade kein Teil unseres inneren Wesens. Die Beliebtheit von Zen bei uns im ›Westen‹ hängt daher häufig nur mit einer Scheinkristallisierung unseres Ego zusammen. Wir sind

nicht wirklich bereit, auf uns selbst zuzugehen, weichen uns statt dessen ständig aus, instrumentalisieren unseren Körper und machen ihn fit.
Zen setzt voraus, daß wir durch alle ›Körper‹ wirklich hindurchgehen, d.h. wirklich umkehren. Wir beschreiten damit einen bestimmten Weg und müssen erst lernen, auf diesem Weg unterwegs zu sein und unterwegs zu bleiben. Das Wie dieses Gehens ist dabei entscheidend und ohne die Einhaltung einer gewissen Disziplin bestimmt nicht zu erreichen. Der Yoga-Weg ist kein Sonntags- bzw. Wochenendspaziergang. Er führt von unserem Maskendasein (Person) zum individuellen Dasein und von hier zum nichtindividuellen Dasein, ins Namenlose.
Das wiederum setzt voraus, daß wir unseren gesamten Gedankenprozeß, den ganzen Irrgarten unserer Wünsche, Begierden und Selbsttäuschungen durchschauen lernen. Bevor dies nicht geschehen ist, setzt sich das Verwirrspiel, das wir immer noch Leben nennen, uneingeschränkt fort. Wir können auch sagen: Bevor wir uns unserer Leiblichkeit nicht wirklich bewußt werden, ist jede Mühe um Zen sinnlos. Erst wenn wir unser Denken bewußt wahrnehmen, erfolgt neben einer Vielzahl anderer Entidentifikationen auch die Entidentifikation mit den Weltanschauungen, Religionen und Ideologien, an denen wir hängen.
Auf die gleiche Weise, wie wir unseren Körper bewußt wahrnehmen, ja ihn bis zur Vernichtung in Frage stellen können, wie wir in der Lage sind, unsere Stimmungen und damit auch unsere jeweilige Befindlichkeit bewußt zu sehen, können wir auch

unsere Gedanken bewußt wahrnehmen. Wir erkennen dann, daß unser gewöhnliches Denken in den uns geläufigen Kategorien des Verstandes nichts als eine Anhäufung von mehr oder weniger widrigen Gedanken in unserem Computergehirn ist, das weiter mit den Daten unserer vergangenen Erfahrungen gefüttert wird, mit allem, was wir gelernt haben und heute scheinbar wissen.

Zen lehrt aber: Wir sind nicht identisch mit unserem Körper; wir sind nicht identisch mit unseren Gefühlen, wir sind aber auch nicht identisch mit unserem Gehirncomputer, mit unserem Verstandesvermögen.

Sobald wir das sehen, sind wir frei; wir fühlen uns dann völlig entspannt. Sobald wir uns aber mit den alten und immer wieder neuen Ideen und Gedanken identifizieren, entstehen sofort wieder Barrieren zwischen uns und unserem eigentlichen Wesen, das frei ist. Das Denken hat dann wieder eine Trennschicht zwischen uns und unseren wirklichen Erfahrungen geschaffen. Wir sitzen erneut in der Falle.

Zen lehrt, daß wir uns selbst zu keiner Zeit wirklich kennenlernen werden, ja daß wir nicht wissen werden und auch nicht wissen können, wer wir eigentlich sind. Wir gehen durchs Leben, unternehmen dies und das mehr oder weniger erfolgreich, bleiben aber ständig, neben dem Gefühl, nicht zu wissen, was das Sein und die Zeit eigentlich sind, von dem fast schon ängstlich zu nennenden Gefühl heimgesucht: nicht zu wissen, wer wir sind.

Dieses Gefühl, diese Stimmung, die unsere Existenz von Grund auf (häufig auch unbewußt) be-

stimmt, begleitet uns, wie sehr wir uns auch anstrengen, dieses Gefühl zu vergessen oder zu verdrängen: Wir entkommen ihm nicht. Es bleibt uns nichts anderes übrig, als es zu akzeptieren und unser Leben danach zu gestalten.
Das gilt selbstverständlich auch im Hinblick auf die Fragen nach unserem Woher und Wohin. Trotz aller Theorie bekommen wir auf diese Fragen keine Antwort und müssen in dieser Spannung unseren zeitlich befristeten Aufenthalt auf diesem Planeten bestreiten.
In diese Einsicht fügt sich die Einsicht, Teil einer Wahnwelt zu sein, nahtlos ein. Die derzeitige Zerstörung des Planeten scheint mir so lange unvermeidlich zu sein, als wir unerfüllbare Ansprüche vor allem materieller Art haben. Das Chaos um uns herum ist aber nur unser nach außen projiziertes inneres Chaos, das aus Habgier, Haß und Selbsttäuschungen besteht, wie es uns vor Jahrtausenden schon Buddha und Jesus, der Nazarener, an Beispielen, Parabeln und Gleichnissen vor Augen geführt haben. Wir suchen ständig etwas, wo wir eingreifen können – außen. Denn in uns gibt es nichts, an dem wir einhaken können; statt dessen gilt es, Blockaden aufzulösen, um zu verstehen, was unser Leben wirklich ausmacht.
Immer noch erfolgt die blinde Fixierung auf Symptome. Daher auch die vielen völlig überflüssigen Umweltkonferenzen, die über den wahren Zustand, die innere Verfassung der reichen Länder hinwegtäuschen, so daß man mit Recht zu dem Schluß verleitet werden könnte, daß der Blick nach innen praktisch außerhalb des Fassungsvermögens

dieser Länder liegt. Unsere europäisch-amerikanische Vorstellungswelt mit ihren Werten, Hoffnungen, Wünschen, Urteilen und Vorurteilen ist nichts anderes als ein riesiges Computerprogramm, das uns von unseren Kulturverwaltern mit auf den Weg gegeben wurde, ohne daß uns dieses Programm zu Bewußtsein kommt. Solange wir aber unsere Innenwelt nicht wirklich reinigen, haben auch die Bäume um uns herum keine Chance.

Zen lehrt: Nur Meditation ist in der Lage (und nicht unser wissenschaftlich-technischer Verstand), unsere uns verdummenden und nur noch weiter verwirrenden Programme zu löschen, so daß wir erstmals als Menschen und nicht als Roboter hervortreten. Wir begreifen dann erst, wie wir bisher belogen wurden.

Die meisten Religionen sagen uns, diese Welt, dieses Leben sei nichts anderes als ein Durchgangsstadium; das eigentliche, wahre Leben warte im Jenseits auf uns. Aber schon Nietzsche hatte damit begonnen, dieses geradezu verhängnisvolle Denkmuster, das kirchlichen Herrschaftsansprüchen entspringt, zu entideologisieren.

Zen lehrt statt dessen: Wir leben hier und jetzt, ein Jenseits existiert nicht.

Zen lehrt: Man hat uns alle nur denkbaren Vorurteile mitgegeben und uns zerrissen. Schließlich hat man uns auch noch beigebracht, Ehrgeiz zu entwickeln und gleichzeitig eingebleut, das Leben sei identisch mit einem gnadenlosen Konkurrenzkampf, mit Konflikten, ja mit Krieg und Gewalt: Die einzige Freude im Leben sei der Erfolg, das einzige Glück, soviel Geld wie möglich zu besitzen und Karriere zu machen. So wird schon jedem Kind eine Fülle von Ideen in den Kopf gesetzt, bis es den neurotischen Charakter dieser Ideenproduktion durchschaut. Nur ist dann der Schaden schon angerichtet, und es ist für den erwachsenen Menschen schon fast unmöglich, aus eigener Kraft aus dieser Situation wieder herauszufinden. Bis zu diesem Zeitpunkt haben sich aber schon die meisten mit diesen Ideen identifiziert. Wenn uns z.B. jemand fragt, wer wir seien, antworten wir häufig: Protestant, Jude oder Katholik; Marxist, Idealist oder Atheist; Deutscher, Franzose oder Amerikaner. Zunächst einmal müssen wir von diesen Wahnideen dekonditioniert werden, bevor wir zu unseren eigenen Erfahrungen durchbrechen können. Dabei kann uns auch ein Therapeut helfen, der uns bei dem Prozeß, erst einmal wieder völlig nackt zu werden, indem wir alle Ideologien von uns abstreifen und erkennen, begleitet. Es geht darum, daß wir lernen, auch ohne irgendeine ›höhere‹ Idee leben zu können.

Ich selbst halte es aufgrund eigener Erfahrungen für geradezu verhängnisvoll, uns immer wieder solchen abstrakten Ideen zu verpflichten – wie etwa der Vollkommenheit –, weil wir, wie Zen lehrt, bereits vollkommen sind!

Unser Kopf ist darauf programmiert, trotz unserer erbärmlichen Vielzahl von Niederlagen, ständig zu versuchen, anders zu sein, als wir es tatsächlich schon sind. Auf diese Weise versucht eben der eine, Christ zu werden, der andere Mohammedaner, der eine Buddhist und der andere Marxist: nur eines ist er damit niemals – er selbst! Am Ende sucht er dann nur noch herauszufinden, wie er, selbst absterbend in einer absterbenden Welt, überhaupt noch leben, überleben kann.

Zen lehrt: Die Idee, anders sein zu wollen, als man ist, spaltet uns; sie ist im Grunde unser Unglück. Einfach nur der zu sein, der man ist, und dies in einer Welt, die ständig außergewöhnlich fortschrittlich sein will, ist sicher das schwerste. Nur natürlich zu sein, spontan, bewußt, im Hier und Jetzt entspannt zu leben, ohne die Gegenwart der Zukunft oder der Vergangenheit zu opfern, ist in Wirklichkeit das Außergewöhnliche und Übermenschliche. Die Idee, daß wir wie Jesus oder wie Buddha leben sollten, ist unser Unglück. Keiner von uns kann Jesus oder Buddha sein, da es unserer Individualität und unserer Freiheit widerspricht, uns als Kopien durch die Welt zu bewegen. Jesus, der Nazarener, war genauso einmalig wie Buddha –, wie jede einzelne Pflanze, jedes einzelne Tier, jeder einzelne Mensch; die Natur wiederholt sich nicht. Würde sie sich wiederholen, dann hieße dies, daß sie sich bereits erschöpft hätte. Der Gedanke, jemand anderes werden oder sein zu wollen, beruht auf nichts anderem als auf Selbsttäuschungsversuchen, auf Selbsthaß und auf Selbstverurteilung – mit der geradezu verhängnisvollen Konsequenz, daß wir absterben und eben nicht aufwachen und nicht ausbrechen aus den erstarrten Mustern, die das ganze Elend, in dem wir uns heute befinden, verursachen.

Wir sind nicht nur auf eine ganz bestimmte Theologie und damit auf ein ganz bestimmtes gesellschaftspolitisches Denken, wir sind in unserem Kulturkreis vor allem auf ein negatives Gefühl hin konditioniert.

Es findet seinen Ausdruck in dem Zwang, uns ständig unter Beweis stellen zu müssen, um überhaupt einen Wert zu besitzen. Wir lernen, daß wir keinen Wert haben – deshalb müssen wir ihn unter Beweis stellen. Daraus resultiert die tiefe Feindschaft, der tief sitzende Selbsthaß, den fast jeder von uns mit sich herumträgt. Denn es sind natürlich nur wieder wenige Menschen, die in unserer Wettbewerbsgesellschaft Erfolg haben und Erfolg haben können. Millionen von Menschen fühlen sich unwert und reden folglich auch ständig vom unwerten, ja sinnlosen Leben, das sie zu fristen hätten. Doch das Gegenteil ist der Fall. Jeder von uns hat etwas von einem Dichter in sich; jeder hat ein wenig Poesie, die er der Welt geben kann – unter der Voraussetzung, daß er sich akzeptiert und sich nicht wieder unter die ihn ständig versklavenden ›hohen Werte‹ und ›Ideale‹ stellt!
Jeder von uns ist kreativ, aber fast jeder von uns quält sich täglich mit seinem Erfolg, so daß er ständig rivalisiert und kämpft – ob nun mit fairen oder unfairen Mitteln, ist dabei schon fast gleichgültig. Sobald sich der Erfolg einstellt, ist alles in Ordnung. Dieser anerzogene Ehrgeiz führt uns dazu, daß wir zeit unseres Lebens leiden und uns zu guter Letzt auch noch allem und allen unterlegen fühlen.
In Wirklichkeit ist niemand unterlegen und niemand überlegen, weil jeder Mensch einzigartig ist, so daß jeder Vergleich absurd ist. Nichts ist verloren oder gewonnen, nichts muß gewonnen werden, aufsteigen oder absteigen, vorankommen oder zurückfallen, da außer im Bereich der bloßen Erschei-

nungen, den wir Realität nennen, alles und jedes längst vollkommen ist.

Das negative Gefühl haben uns unsere Eltern als Erbe mitgegeben – die Lehrer, die gesellschaftlichen Eliten usw. Sie haben uns auf ihre Weise das Gift eingeimpft, daß wir im Grunde nicht wichtig seien, daß es nicht ausreiche, einfach nur zu sein, und wir infolgedessen erst durch eine erfolgversprechende Arbeit unserem Leben einen Sinn geben könnten. Erst wenn wir diesen Irr- und Wahnsinn, die von den Postulaten des »Du solltest« und »Du müßtest« durchsetzte Weltauffassung durchschauen, begreifen wir, wie lebensfeindlich die uns anerzogenen Ideale sind. Das heißt nicht, daß wir unmoralisch leben sollten. Schon Nietzsche wandte sich in diesem Sinne gegen die jüdisch-christlichen Moralvorstellungen, wie sie uns von einer zutiefst unmoralischen Gesellschaft aufgedrängt, mal mehr, mal weniger aufgeherrscht wurden.

Wenn wir schon den Begriff der Moral in Zusammenhang mit der Zen-Lehre verwenden, dann ist damit ein Überströmen, ja eine Fülle unseres Seins benannt, durch das wir das tote Sein, das morsche Gerüst, auf das wir uns bislang gestützt haben, hinter uns lassen. Was normalerweise Moral genannt wird, ist häufig nichts anderes als Unterdrükkung.

Indem wir dem postulierten Ideal der Vollkommenheit weder gestern noch heute gerecht werden können, durchzieht uns ständig das vernichtende Gefühl, ihm nicht genügen zu können. Wir werden neurotisch. Erst wenn wir unsere scheinbare Unvollkommenheit akzeptieren, verschwindet auch das Gefühl, von diesem Leben und den Menschen nicht wirklich akzeptiert zu werden. Erst wenn wir uns nicht weiter mit anderen Menschen und ihren Idealvorstellungen vergleichen, beenden wir unsere pathologische Irr- und Talfahrt. Erst wenn wir uns annehmen, d.h., erst wenn wir akzeptieren, daß wir uns ständig verändern, erst wenn wir den heutigen Tag in seiner ganzen Schönheit, in seiner Freude, in seinem Schmerz, – wenn wir so wollen – auch in seiner Agonie wirklich leben, leben wir nicht mehr in einem Trichter oder einem Zylinder, wie uns Beckett unter Rückgriff auf Dante gezeigt hat. Dann akzeptieren wir unser Dasein einmal in seiner Dunkelheit und dann auch wieder in seinem Licht – dann und nur dann erfahren wir unser Sein als ein sinnvolles Spiel.

Zen lehrt: Wir können dieses ruinöse Programm nur in der Meditation allmählich durchschauen und loswerden, selbst wenn sich der Verstand dagegen wehrt.

Wir haben es jahrhundertelang versäumt, deutlich zu unterscheiden, wie wir nicht auf ruinöse Weise, sondern sinnvoll unseren Verstand nutzen können: entweder als dienstbaren Geist, der auf Abruf bereit steht, oder – wie bis heute – destruktiv als Diktatur jener Wahnwelt, in der wir leben. Das Resultat ist eine Welt, die im Namen des ›Verstandes‹, der ›Vernunft‹ und der ›Rationalität‹ ständig zu einer Wahnwelt umgeformt wird, weil beharrlich übersehen wird, daß diese ›Vernunft‹ und diese ›Ratio‹ nur eindimensional unsere Wirklichkeit begreifen. Die blutrünstige, wirrste und destruktivste Phase der Französischen Revolution begann, als Robespierre den »Glauben an die Vernunft« mit einem Riesenfest auf dem Champ de mors zur künftigen Staatsreligion Frankreichs erklärte. Alles, was danach kam, erklärt sich aus diesem Aberglauben. In diesem Zusammenhang möchte ich Musil zitieren, der ganz sicher ins Zentrum unserer Epoche trifft: »Jeder Fortschritt ist ein Gewinn im einzelnen und eine Trennung vom Ganzen; es ist das ein Zuwachs an Macht, der in einem fortschreitenden Zuwachs an Ohnmacht mündet, und man kann (offenbar) davon nicht lassen.« Unser neuzeitliches, fortschrittliches Gehirn hat sich eine Welt gestaltet, ohne daß wir noch verstehen, was in diesem Fortschritt wirklich vor sich geht. Wir stoßen daher auch in unserer Yoga-Praxis auf die dunklen Labyrinthe einer sich selbst nicht mehr begreifenden Innen- wie Außenwelt.

Wir müssen ohne Wenn und Aber erst einmal unsere Lage durchschauen lernen und damit zugleich auch einen Umdenkungsprozeß in die Wege leiten, der unser ganzes menschliches Dasein der Erfahrung zu erschließen hat, um die volle Verantwortung übernehmen zu können. Sehen wir uns daher kurz die materiellen Bindungen und das Inventar unserer Denkbestimmungen an, das uns immer wieder an diese Bedingungen bindet.

Als erstes begegnen wir im Inventar unseres Alltagsbewußtseins der Vorstellung einer Vergangenheit, um schon bald zu merken, daß zu dieser Vorstellung auch die Vorstellung von einer Gegenwart und einer Zukunft gehört. Wir können uns in solchen Vorstellungen bewegen und dies auch in jedem Augenblick – weil wir nun einmal zeitli-

che, geschichtliche und damit endliche Wesen sind.
Interessant ist, daß wir als diese endlichen Wesen immer wieder den Versuch unternehmen, von der Vergangenheit her auf die Zukunft zu schließen, ja alles das, was wir gegenwärtig, also im Hier und Jetzt erfahren, einzig und allein an Vorstellungen und Begriffen zu messen versuchen, die wir mehr oder weniger bewußt der Vergangenheit entnehmen. Wir sehen, beobachten und erkennen das, was ist, ständig unter dem Blickwinkel der Vergangenheit. Damit möchte ich zum Ausdruck bringen, daß alle unsere Anschauungen schon aufgrund ganz bestimmter Begriffe vorgeprägt sind, die wir aus der Vergangenheit beziehen. Das heißt: Wir nehmen wahr, wir beobachten und wir erkennen das, was ist, grundsätzlich nicht unverstellt; alles, was wir erfahren, beziehen wir auf bereits Wahrgenommenes, Beobachtetes und Erkanntes, so daß es Neues, zuvor also nicht Wahrgenommenes, Beobachtetes und Erkanntes, eigentlich gar nicht geben kann. Wir wählen unbedacht immer wieder denselben Weg, indem wir mit Kategorien aus der vertrauten, etablierten Vergangenheit Gegenwärtiges zu verstehen und zu begreifen versuchen, um so die Wirklichkeit einem Interpretations-, wir können auch sagen, Vorurteilsschema zu unterwerfen, durch das wir aber, wenn wir darüber nachdenken, die Wirklichkeit verfälschen. Wir bewegen uns unter den Denkprämissen des Verstandes heute auch in einem konventionalisierten Zeitschema und halten uns in konventionalisierten Vorstellungsbildern und Begriffen auf. Wir nehmen notwendig die

Wirklichkeit nur noch im fiktiven Sinne wahr. Damit weichen wir nicht nur der Wirklichkeit, sondern in erster Linie uns selbst aus. Mehr noch: Dadurch, daß wir auf diese Weise den ›Weg der ewigen Wiederkehr‹ gehen, wiederholt sich auch unser Grundproblem: Wir bleiben stehen und bewegen uns nicht vorwärts. Deshalb treffen wir auch unsere Wahl immer wieder zum Gewohnten hin, folgen immer wieder den uns anerzogenen Neigungen und verwerfen dementsprechend schließlich alle Perspektiven, die dieser ›Urwahl‹ entgegenstehen. Da ich es bin, der wählt, verschließe ich mich immer wieder selbst der offenen Weite meines Daseins und kann mein Dasein nicht mehr wirklich durchschauen. Ich kann, um einen Schritt weiter zu gehen, auch sagen: Bereits dadurch, daß ich wähle und mich auf eine Wirklichkeit festlege, wähle ich selbstverständlich immer nur eine Wahrheit, die ich aber gerade dadurch immer wieder verfehle: Jede Wahrheit bleibt als gewählte und damit geteilte Wahrheit zutiefst unwahr.

Der ganze Irrsinn, in dem wir leben, kommt aus yogischer Sicht daher, daß wir aus dieser Welt ständig ein Paradies (ein christliches, hinduistisches, islamisches, jüdisches, ein faschistisches, ein sozialistisches usw.) machen wollen und dabei nicht merken, daß dieses Leben schon ein Paradies ist, wir aber ständig dabei sind, aus diesem Paradies eine Hölle zu machen. Unsere ganze, d. h. nicht eingeschränkte und nicht eingeengte Existenz ist dazu vonnöten. Die unverstellte, unser Sein bestimmende Natur ist einzigartig. Würden wir sie in ihrer ganzen Schönheit und Fülle wahrnehmen, ließen wir unsere Vorstellung vom Paradies von ganz allein fallen. Yoga im Sinne von Zen zu praktizieren heißt, sich in die Unvorhersehbarkeit der Welt hinauszubewegen und vorher alle Begriffe (Grenzen) fallenzulassen. Im ›Westen‹ begegnet uns ständig der Mythos des tragischen, leidenden Helden, für den die Welt, in die er geraten ist, schrecklich ist, so daß der Künstler und Wissenschaftler aufgerufen ist, eine bessere zu schaffen. Um dieses Ziel zu erreichen, müssen wir erst alle durch die Hölle, offensichtlich auch erst durch die Hölle des Fortschritts gehen. Im ›Osten‹ ist die Welt ganz in Ordnung – solange wir sie noch hören, sehen, verstehen können. Wenn dies nicht mehr der Fall ist, dann liegt das daran, daß unsere Sinne und unser Wahrnehmungsvermögen verschlossen bzw. versiegt sind und unsere Köpfe schließlich nur noch mit vorgefaßten Meinungen vollgestopft sind. So haben wir die Welt zu unserer eigenen Misere gemacht. Wenn die Welt in Ordnung, also weder gut noch böse bzw. schlecht ist, erübrigt sich natürlich auch die moralische Forderung, sie verbessern zu müssen. Im ›Westen‹ leben wir spätestens seit der kopernikanischen Wende Kants in einer Ersatzwelt, in einer hergestellten Welt, in der Welt des ›Gestells‹, wobei wir alles das, was ist, einschließlich unseres Denkens, auf das Berechenbare reduzieren, so daß uns z.B. die Computerisierung unserer gegenwärtigen Gesellschaft immer stärker dazu zwingt, unsere Denk- und Kommunikationsstruktur an die Struktur der maschinellen Symbolverarbeitung anzupassen. Unser Alltag wird immer abstrakter, so daß wir uns kaum noch darin wiederfinden. Einer der Gründe dafür ist die Macht des industriell-wissenschaftlich-technischen Denkens, das uns die Welt so erschließt, wie wir sie heute als Realität begreifen. Wir leben heute in einer verhängnisvollen Abhängigkeit vom industriellen Fortschritt, der im bestehenden politischen Rahmen (u.a. der Parlamente) offenkundig nicht mehr zu kontrollieren, geschweige denn noch auf humane Zwecke hin umzukehren ist. So sind beispielsweise Großrechner, die für militärische Zwecke genutzt werden, nicht mehr durchschaubar; Fehler können zwar von den dafür zuständigen Experten behoben werden, doch das System als Ganzes überfordert seit langem unsere Intelligenz durch seine Kompliziertheit und Schnelligkeit.

Wohin diese elektronische Eigendynamik wirklich führt, hat uns 1987 der große New Yorker Börsenzusammenbruch gezeigt, in dem die Computer völlig fehlerfrei für viele den Bankrott herbeigerechnet hatten. Aufgrund solcher Erfahrungen bleibt vor der Vorstellung zu warnen, daß uns angeblich intelligente Maschinen Problemlösungen vorschlagen könnten, die durch Rechenprozesse nicht zu ermitteln seien, denn welche Werte und Ideen sollten die Künstliche Intelligenz zu ihren Antworten überhaupt inspirieren?

Zen lehrt den Verzicht auf jedes Sendungsbewußtsein, auf den Eifer, auf irgendeine ›große Idee‹ einschließlich einer industriell-wissenschaftlich-technischen Weltgesellschaft, mithin auf eine Utopie, die die Tatsache zu überspielen versucht, daß wir keinen festen Boden mehr unter den Füßen haben und auch keine konstruktive Logik den Anspruch auf Verbindlichkeit, uns in unserem Sein tragen zu können, erheben kann. Wir haben es, mit anderen Worten, mit einer stets entgrenzten Welt zu tun, die sich vor allem in einer erschreckenden Sprach- und Kommunikationslosigkeit zeigt. Trotzdem erfinden wir immer noch perfektere autonome Ordnungssysteme, wobei die Erfinder sich zu einzigartigen, über den Gesetzen schwebenden Supergenies hochstilisieren, um am Ende dieser öffentlichen Popularitätsfahrt auf die unangenehme Wahrheit zu stoßen: daß es kein allgemeingültiges System und damit auch keine Genies dieser Art geben kann, die sich durch ihre individuellen Kraftanstrengungen vom Boden der Wirklichkeit abheben können. Zen lehrt: Es gilt in jeder Hinsicht abzurüsten, damit wir uns im inzwischen entstandenen Chaos überhaupt noch weiterbewegen können, wobei Zen die Sprache, die Logik und jede Art von Ordnungssystemen mit dem schon erwähnten Ego des Menschen und der daraus resultierenden gesellschaftlichen Machtausübung gleichsetzt.

RÜCKBESINNUNG AUF BUDDHA

Thomas Bernhard: »Jeder Mensch hat seinen Weg, und jeder Weg ist richtig. Und es gibt jetzt fünf Milliarden richtige Wege.
Das Unglück der Menschen ist, daß sie den Weg, den eigenen Weg nicht gehen wollen, immer einen anderen Weg gehen wollen. Sie streben zu etwas anderem, als sie selbst sind. Es ist ja jeder eine große Persönlichkeit, ob der da malt oder zusammenkehrt oder schreibt. Die Leute wollen immer etwas anderes. Das ist das Unglück der Welt, zu achtundneunzig Prozent, oder geben wir noch ein Prozent dazu.«
Michel Foucault: »Ich habe mir immer selbst entkommen wollen. Ich habe immer gewollt, daß jeder, der meine Bücher liest, die Möglichkeit hätte, meinem vorangegangenen Buch zu entkommen. Ich bitte euch, haltet mich nicht fest, laßt mich aus meiner Identität fliehen. Macht, daß mein Tod die letzte Möglichkeit für mich ist, mir selbst zu entkommen.«
Das Spiel von Zeigen und Verbergen, von Identität

und Maske, es wird hier sichtbar, ohne daß das Urgesicht hervorträte.

Unser abendländisch-europäisches Denken, das sich im industriell-wissenschaftlich-technischen Fortschritt erschöpft, sitzt in einer Sackgasse fest. Deshalb scheint es mir geboten, nach einer anderen Weise des Denkens, als Kontrapunkt zum abendländisch-europäischen, Ausschau zu halten. Es gehört ganz sicher zu den tiefsten Einsichten Buddhas, daß sich die Vergänglichkeit allen Seins, so auch unser menschliches Dasein nicht festhalten und demzufolge auch nicht ›beherrschen‹ läßt. Durch diese Vergänglichkeit und unsere Beharrlichkeit, Dinge und Menschen zu begehren oder nicht zu begehren, uns im sowohl positiven als auch negativen Sinne an sie zu binden, wird das Leid und das Unglück unseres Daseins verursacht.

Der Buddha zeigt uns einen Weg, der unser Weg sein könnte, dieses Leid und das daraus erwachsene Unglück aufzuheben. Entscheidend ist, daß wir unser Mitgefühl (›karma‹) und unsere Mitfreude (›mudita‹) bewahren.

Wir Abendländer haben gelernt, nach dem Woher, Wohin und Wozu unseres Daseins zu fragen. Diese Frage verschwindet jedoch von dem Augenblick an, wo derjenige, der fragt, in aller Konsequenz in dieser Frage aufgeht. Von dem Zeitpunkt an, in dem uns bewußt wird, daß wir ständig Fixierungen, Wünschen und Hoffnungen nachlaufen, – so lehrt Buddha – bringen wir den Strom der Täuschungen zum Stehen und gelangen in jene Offene Weite, in der das Leben sich selbst lebt, und begreifen, daß wir nur Teil des unbegründbaren Lebens sind. Erst von diesem Zeitpunkt an erleben wir, daß die wahre Natur aller Dinge Leere ist, daß ihr Erscheinen mithin von Bedingungen abhängt, die ihrerseits wieder als das Resultat von ›karma‹ und Leere bedingt sind.

›Karma‹ gemäß leben heißt gemäß Ursache und Wirkung leben. Das setzt voraus, daß wir immer tiefer in uns hineinhören, wobei wir uns jetzt daran erinnern, daß unser Bewußtsein vorrangig ein hörendes Bewußtsein ist.

Wer dem Weg Buddhas folgt, indem er ausschließlich seinen eigenen Weg geht, kennt keine Heimatlosigkeit mehr. Er erkennt, daß er schon längst angekommen, schon längst zu Hause ist. Die immer wieder gestellte Frage nach dem Sinn unseres Daseins kann man, begrifflich betrachtet, vernünftig formulieren, eine Antwort wird man jedoch nicht erhalten. Antwort erhält nur der, der sich durch alle Krisen und Niederlagen des Alltags hindurch auf den Weg macht, genauer: endlich aufwacht.

Buddha vollzog die entscheidende Kehre, indem er den Cartesischen Satz – Ich denke, also ich bin – umkehrte zu dem Satz: Ich werde gedacht. Wir sollten eher im Passivum denken, da wir so auch erst die wahre Bedeutung unseres Lebens verstehen werden. Was wir denken zu sein, ist in Wirklichkeit nur ein Bruchteil dessen, was wir sind. In Wirklichkeit sind wir der Inbegriff zahlloser Möglichkeiten, die wir aufgrund unserer Sozialisation bei weitem noch nicht ausgeschöpft haben. Wir können auch sagen, daß wir sämtliche Möglichkeiten in uns tragen, doch nur wenige davon wirklich nutzen. Solange wir aber in unserem derzeitigen Bewußtseinszustand verharren, bleiben wir stets in einer bestimmten Perspektive gefangen.

In dem Maße, in dem wir die Grenzen unseres verstandesmäßigen Denkens überschreiten, versetzen wir uns in die Lage zu erkennen, wie wir Menschen gegenüber allen anderen Lebewesen privilegiert sind, indem wir das Ganze des Seins in Frage stellen können. Aber nicht nur dies: Wir sind auch befähigt, durch unser alltägliches Handeln an der Evolution unserer Gattung teilzunehmen. So eng auch dieser Bereich sein mag, jeder von uns leistet seinen Beitrag zu dieser Evolution. Sobald wir aufwachen – und darin liegt das evolutionäre Element der in uns vorhandenen Möglichkeiten –, fällt vieles von dem, was wir bislang von Bedeutung hielten, schließlich weg: Eine Umwertung aller gehegten Wertvorstellungen vollzieht sich, bis auch sie eines Tages bedeutungslos werden.

Die europäische Philosophie kann uns nicht sagen, wie wir unser Bewußtsein über die Grenzen unseres gewöhnlichen Alltagsdenkens hinaus erweitern, gar qualitativ verändern können. Sie gibt damit den Weg frei für die Psychologie, d. h. für jene Weisheitslehre, die einst mit Sokrates' Aufforderung anhob, sich selbst erkennen zu sollen und zu müssen, wenn sich überhaupt etwas verändern soll. Wir wissen, daß dieser Weg lang und beschwerlich und im Grunde auch nur dann zu bewerkstelligen ist, wenn wir zu dem bisherigen Denken gleichsam noch seine zweite Hälfte hinzunehmen – und diese besteht in jenem besinnlichen Denken, das der Buddha Meditation nannte.

Der entscheidende Punkt im meditativen Denken

ist die Konfrontation mit der Erfahrung eines unaussprechlichen Geheimnisses, das dem industriell-wissenschaftlich-technischen Denken bereits von seinen Prämissen her notwendig verschlossen bleiben muß. Um ›es‹ erfahren zu können, müssen wir daher sehr aufmerksam hören. Das ist aber nur möglich, wenn wir uns von allem lösen, was uns bindet. Dann werden wir frei von Maskenspielen, so daß wir eines Tages auch unser wahres Gesicht zu erkennen beginnen und damit eine Wirklichkeit erfahren, die für uns neu und lebendig bleibt, obwohl sie sich weder in Worten noch in Sätzen festhalten läßt.

Wir lernen heute: Unser Bewußtsein ist sowohl fokalisiert als auch holistisch. Es arbeitet wie eine Linse. Die Linse reduziert die Landschaft, in der wir leben, auf ein Bild. Ebenso reduziert unser Bewußtsein die Gesamtheit unserer Erfahrungen auf eine äußerst begrenzte Wahrnehmung. Andererseits sehen unsere zwei Augen zwei vollständig verschiedene Bilder und machen doch ein Ganzes daraus. Auf diesem Wege wird uns unser unbegrenztes Potential noch einmal gegenwärtig, wenn es auch nach wie vor den Eindrücken des Alltags ausgesetzt ist und ausgesetzt bleibt.

Wir alle sind in ganz bestimmten Verhaltensweisen, Lebensgewohnheiten und Vorstellungen festgefahren, d.h., wir setzen unser eigentliches Potential nicht frei. Dieser Aufgabe dient die Meditation, in der wir uns – durchaus in einem schmerzhaften Prozeß – von unseren vergangenen Enttäuschungen, Wunden und Verletzungen sowie von den uns aufgeherrschten Lebensprogrammen, die unser

Leben bis heute einengten und in vielen Fällen ein sinnerfülltes Leben von vornherein verhinderten, befreien. Nicht zuletzt seit Freud wissen wir, daß wir die schlimmen, traumatisierenden Ereignisse unseres bisherigen Lebens wieder ins Tageslicht zurückholen können, um sie im nochmaligen Durchleben endgültig loslassen zu können. Diese Möglichkeit setzt neue Lebensenergien frei, die bislang ausschließlich neurotisch gebunden waren, und schafft Vertrauen zu uns selbst.

Der Verstand, den wir nach wie vor für unsere täglichen Verrichtungen brauchen, ist nicht ganzheitlich, so daß wir unsere Frage, was uns daran hindert, ganz zu werden, nicht an den Verstand richten dürfen. Was immer wir durch den Verstand begreifen wollen, wird gespalten sein.

Unser Gehirn ist in eine rechte und eine linke Hemisphäre aufgeteilt. Die rechte ist u.a. mit der linken Hand verbunden, die linke mit der rechten. Die linke Hand ist intuitiv, unlogisch, irrational, poetisch, platonisch, imaginativ, romantisch, mystisch und religiös; die rechte Hand dementsprechend logisch, rational, mathematisch, aristotelisch, wissenschaftlich, kalkulativ. Beide Hände liegen ständig in Konflikt miteinander.

Die linke Hand ist für die Belange der rechten Hemisphäre zuständig, sie ist, wie sich jeder überzeugen kann, aufgrund unserer kulturellen Prägung dazu verdammt, nicht das tun zu dürfen, was sie eigentlich tun möchte. Denn unsere Gesellschaft besteht nun einmal in ihrer Mehrheit aus ›Rechtshändigen‹, und rechtshändig bedeutet, der linken Hemisphäre zugeordnet zu sein.

Zehn Prozent aller Kinder werden bei uns linkshändig geboren, aber sie werden mehr oder weniger gezwungen, rechtshändig zu werden. Kinder, die linkshändig geboren werden, sind irrational, intensiv, nicht mathematisch, nicht euklidisch, also aufgrund der bei uns akzeptierten Werthierarchie ›gefährlich‹. Deshalb werden sie gezwungen, sich umzupolen. Die Fragen, über die wir hier meditieren, liegen genau zwischen den beiden Teilen unseres Gehirns, so daß sie auf Logik-Kongressen keine Erörterung finden.

Wir wissen nicht, warum wir auf diesem Planeten leben. Wir wissen nicht, warum die Welt, in der wir leben, überhaupt existiert. Wir wissen nicht, ob die Frage nach dem letzten Warum schließlich überhaupt sinnvoll ist. Wir gestehen uns das ohne Einschränkung ein. Darin liegt Selbstbeschränkung, in die die religiöse Dimension unseres Lebens eingreift. Sie ist der Bereich des nichtwissenden Staunens über das Wunder dieses Daseins, das durch keine Antwort über den Sinn oder Widersinn unseres Daseins eingeholt werden kann. Wer dieses Wunder definieren, d.h. eingrenzen will, redet im Grunde über ›etwas‹, worüber er nicht reden kann.

Der letztgenannten Erfahrung steht die Dynamik unseres Alltaglebens gegenüber, die uns zwingt, stets verwertbare Leistungen zu erbringen. Die Dynamik der unserem Wirtschafts- und Sozialsystem eigentümlichen Produktionsweise treibt uns dazu, immer mehr aus uns herauszuholen, so daß wir häufig nicht mehr die Kraft besitzen, uns dieser Logik zu widersetzen. Auf diese Weise vollzieht sich

eine metaphysische Weltüberwindung aufgrund eines heute kaum noch begrenzbaren Machtwillens, der die Flucht nach vorne zu seiner eigenen Übermächtigung im industriell-wissenschaftlich-technischen Fortschritt angetreten hat.
Das Denken Buddhas widersetzt sich subversiv dieser Tendenz unseres Zeitalters, wenn es vor allem praktisch zeigt, wie wir in dieser Welt leben können, ohne von ihr verschlungen zu werden.
Wenn wir uns auf uns selbst besinnen, begreifen wir, daß wir schon immer ›angefangen‹ worden sind, ehe wir wirklich zu leben beginnen. Dieses Faktum ist genauso bedeutsam wie die Tatsache, daß wir schon immer dazu verurteilt sind, zu sterben. Im Wissen, daß wir sterben müssen, wird uns jedoch mit Nachdruck bewußt, es hätte mich, es hätte uns auch genausogut nicht geben können. Insoweit geht es immer wieder um die Erfahrungsspuren unseres Geborenseins im erwachenden Bewußtsein. Die Folge ist, daß wir uns ständig in das Abenteuer des Selbsthervorbringens stürzen, ohne immer das Motiv dieser Anstrengung und Überanstrengung zu durchschauen. Sloterdijk sagt dazu: »Das viel beschworene ›Subjekt‹ ist nichts anderes als die permanente Anstrengung: der primären ›Unheimlichkeit‹ des Geborenseins durch Selbstgeburt, Selbsthervorbringung zu entkommen«. Dabei sind Arbeit und Technik die modernen Varianten der menschlichen Selbstfabrikation. Der andere Pol der menschlichen Grenzsituation, die wir nicht überspringen können, heißt Tod. Bei beiden geht es um unsere existentielle Ungewißheit, die wir permanent als Abgrund erfahren, so daß wir alle Kunst-

stücke unternehmen, diese Ungewißheit, die im Tiefsten unseres Seins angelegt ist, zu überspielen. Und Safranski: »Wir halten uns für berechenbar, machen uns berechenbar, machen uns was vor, lassen uns was vormachen, halten Versprechen, versprechen Haltung, halten uns aufrecht. Das alles geht nur, wie bei Seiltänzen, mit Tempo. Innehalten könnte Absturz bedeuten.«

Der Buddha lehrt: Das Geborensein, das Leben nicht als ein einmaliges Geschenk, sondern als ein ständiges zu begreifen, wobei der angeführte Unsicherheitsfaktor als Chance begriffen wird, jene Offene Weite zu erfahren, die identisch ist mit unserer Freiheit, die weder einen Anfang, noch eine Mitte, noch gar ein Ende kennt.

Mit dieser Erfahrung geht die Desillusionisierung unseres »hybriden Versuches der Sicherstellung (unseres) [...] Lebens durch seine Vorstellungen« und damit »die Kritik eines falschen Suchens« einher (Safranski).

Aus dieser Perspektive heraus können wir vielleicht auch die Gemeinheiten und Verkommenheiten unseres Menschengeschlechts begreifen lernen, die wir nicht aus den Augen verlieren dürfen. Denn sie gehören zu unserer Realität. In ihnen spiegelt sich das durch das Leiden, wie es Buddha gekennzeichnet hat, in die Irre getriebene Leben häufig auf schockierende Weise wider: indem wir uns z.B. durch die Beschwörung vergangener, erlogener Macht immer wieder aufzurichten versuchen, um unser brüchiges Selbstbewußtsein zu bewahren. Die Folge ist, daß wir, selbst schwach und hilflos, die noch Schwächeren und Hilfloseren permanent unterdrücken. Aber gerade bei dieser Frage, der Frage von Macht und Gewalt, geht es um das Unbegreifliche und auf den ersten Blick geradezu Unerträgliche unseres Daseins, uns keinen vorgegebenen Sinn verständlich machen und kein letztes Warum mehr beantworten zu können.

Auf den ersten Blick erscheinen wir Menschen so als rätselhafte Monstren, als geistige und physische Übel, als Fehlkonstrukte der Evolution, ja als buchstäblich »zu kurz Gekommene«. Die Folge ist, daß wir ständig dieser Situation durch Flucht aus der angeblichen Unerträglichkeit der Natur in die so perfekten künstlichen Fortschrittswelten zu entkommen versuchen.

Was bleibt, ist ein Schuldverdrängungssystem und die Psychopathologie Unveränderlicher, mithin die Schäbigkeit von Charakteren, denen wir täglich begegnen und denen wir im Alltag auch nur schwer ausweichen können. Schließen wir uns ihnen an, begreifen wir unser Leben nur noch aus der Daseinsverfinsterung, umgeben von Dingen, die wir nicht begreifen, von Menschen, die uns den Nachteil, geboren zu sein, ständig in die Ohren blasen, um am Ende sich und uns weiter in die Katastrophe zu treiben.

Im Westen gab es immer Epochen, in denen das Interesse an dem Buddha-Denken stark anstieg. Jede dieser Epochen hatte ihre gelehrtesten Sprecher und Kommentatoren und brachte ein Wiederaufleben der sogenannten ›Zen-das‹ mit sich, die dann eine Zeitlang aufblühten.

Das Buddha-Denken entspricht der Einstellung gegenüber der ›letzten‹ Wahrheit unserer Existenz.

Ohne gläubig zu werden oder uns als Anhänger einer Bewegung zu begreifen, treten wir auf diesem Weg in unser eigenes Sein, in unsere eigene Wahrheit ein. Die damit einhergehende Erfahrung kann nicht erklärt, nicht objektiviert, nicht durch den rationalen Verstand begreifbar gemacht werden. ›Es‹ ist immer schon dagewesen, unveränderlich, unbeweglich, unangetastet von den zahllosen Spielen, die wir ›Ich‹ an der Peripherie des Universums spielen.

Der Buddha lehrt: Jeder von uns befindet sich in einem Fluß, der abwärts treibt und dabei die wechselnde Szenerie am Flußufer beobachtet. Der Beobachter weiß sich als Kapitän seines Bootes, der das Ruder gerade genug steuert, um dem Felsen auszuweichen. Natürlich gibt es hier und da einen Strudel, in den wir geraten, um auszuprobieren, was passiert. Oder es ertönt ab und zu das Horn, und das Ruder wird herumgerissen, wenn es so ausschaut, als trieben wir geradewegs blindlings in seichtere Gewässer. Aber auch dann gilt: »Wenn extreme Gelüste Dich überkommen, bleibe ungerührt.«

Wenn wir das Zentrum in unserem Inneren mitten in einer schwierigen Situation erfahren haben, bleibt es auch in allen möglichen schwierigen Situationen präsent. Wenn wir wissen, wie wir in derindustriell-wissenschaftlich-technischenWahnwelt, in der wir heute leben, ungerührt bleiben können, hören wir zu leiden auf. Es kann uns dann nichts mehr durcheinanderbringen, auch nichts mehr wirklich verletzen. Wir können mit unseren Wünschen, Hoffnungen und Erwartungen endlich spielerisch umgehen. Solange uns irgendein anderer Mensch überhaupt glücklich oder unglücklich machen kann, sind wir noch nicht wirklich frei. Wir bleiben dann Sklaven, weil der andere Macht über uns hat. Mit einer einzigen Geste kann er uns unglücklich, mit einem einzigen Lächeln glücklich machen, wir bleiben ihm immer auf Gnade und Ungnade ausgeliefert. Solange das der Fall ist, besteht unser ganzes Verhalten nur aus Reaktionen, nicht aus Aktionen. Erst die Einkehr in unser Zentrum und unsere Verankerung in ihm macht uns endgültig frei.

Das Buddha-Denken nimmt uns unsere Ideologien, Theologien, Philosophien und unsere etablierten Religionen weg. Wir bleiben frei im Zentrum unseres Seins, ohne die bisherigen Stützmaßnahmen unseres mangelnden Selbstbewußtseins.

So wird im Buddha-Denken noch nicht einmal das Wort Erfahrung benutzt. Es heißt dort »erfahrend«, denn unsere Erfahrung ist nichts Totes oder gar Abgeschlossenes. Sie ist ein Fluß, der fließt: fließend, lebend, beweglich. Mit dem Wort Erfahrung wird auf etwas hingewiesen, das abgeschlossen, vollendet ist, das stirbt. Aber das, was im Buddha-Denken zur Sprache kommt, ist das Lebendige überhaupt. Statt Erfahrung sagen wir erfahrend, anstelle von Fluß sagen wir fließend. Damit kommt zum Ausdruck, daß ein Fluß nicht statisch ist. Er bewegt sich fortwährend, verliert sich im Ozean, steigt in die Wolken auf, fällt als Regen auf die Berge herab und wieder in den Fluß zurück – er bewegt sich in einem Kreis von ungeheurer Lebendigkeit und bleibt doch nirgendwo stehen.

Es gibt keinen Stillstand, nur eine Konstante, die

Veränderung heißt. Substantive vermitteln uns die Illusion eines Stillstandes. Daher kommen Verben dem Leben entschieden näher.

Das Buddha-Denken spricht niemals von einer Lebensidee, der wir nur folgen müßten, um alle unsere Probleme zu lösen. Wenn wir auch nur die geringste Vorstellung darüber haben, was wir auf unserem Buddha-Weg finden werden, hat unser Denkapparat, unser Verstand wieder die Möglichkeit, diese Vorstellungen in Halluzinationen umzusetzen; dann wird diese Vorstellung bzw. dieser Wahn zur Wirklichkeit.

Unter diesem Blickwinkel erfahren Christen Christus, Buddhisten Buddha, Hinduisten Krishna. Einem Christen passiert es seltsamerweise nie, daß Mohammed z.B. zu ihm kommt – Mohammed kommt merkwürdigerweise immer nur zu denen, die an Mohammed glauben, weil jeder von vorneherein schon die bestimmte Idee in sich trägt, so daß der Verstand in die Lage versetzt ist, daraus einen Wahn produzieren zu können. Wann immer wir uns auf eine bestimmte Vorstellung konzentrieren, wird diese zu einer fixen Idee, so daß z.B. plötzlich Christus vor unseren Augen auftaucht und dieser Glaube an ihn immer stärker wird. Wir stellen ihm Fragen, und er beantwortet diese Fragen auch. Im Grunde aber sprechen wir mit niemand anderem als mit uns selbst.

Das Buddha-Denken ist kein Weg der Vervollkommnung; es ist evolutiv und kommt an kein Ende. Vervollkommnung ist eine Sackgasse, die nirgendwohin führt. Dagegen erschöpft sich im Buddha-Denken nicht der Weg, sondern wir beginnen,

uns nach und nach aufzulösen. Wir erfahren, daß wir nicht mehr sind, daß es nur noch die Existenz schlechthin gibt. Das Buddha-Denken stellt weder eine Vollkommenheit noch gar eine Erlösung dar, statt dessen bedeutet es Aufklärung – und Verschwinden: wie das Schmelzen von Eis im Meer.
Das Buddha-Denken ist nicht identisch mit irgendeinem Ismus; es ist weder eine Philosophie noch ein Glaubensbekenntnis oder gar ein Kult. Immer und immer wieder wirft uns der Buddha auf uns selbst zurück, bis wir begreifen, daß wir keine Philosophien und keine Religionen benötigen.
Wenn wir unser eigenes Potential entfalten, entwickeln wir uns automatisch zu einer einzigartigen Individualität. Wir passen dann in kein Bild mehr hinein. Der Buddha ist außer Reichweite des Verstandes, über den Verstand hinaus: in dem Nichtselbst, in dem ›anatha‹. Das bedeutet Freiheit von allen Arten der Verkettungen, Gefängnissen, Ismen, Ideologien, Weltanschauungen und Philosophien! Es ist die absolute Freiheit von allem, was der industriell-wissenschaftlich-technische Fortschritt uns an Glücksverheißung verspricht, aber, wie wir jetzt wissen, nicht halten kann.
Auf dem Weg des Buddha können wir bei unserer Kunst, unserer Wissenschaft, unseren Lieben verweilen – aber nur eine Nacht. Wir müssen tiefer gehen, wir müssen die Wurzeln unsers Daseins, unseres Lebens erreichen, die uns in jedem Moment mit Nahrung versorgen, bis wir an jenen Punkt gelangen, wo wir nicht mehr von uns getrennt sind, d.h. völliges All-ein-sein vollzogen haben. Wir sind dann jene Freiheit, die Sartre eher erahnt als schon

gewonnen hatte. Wir müssen so weit kommen, sogar noch unser Selbst loszulassen.
Der Buddha geht ins Nicht-Sein, in den Ozean, in das Leben, in die reine Existenz, in das Licht, in das reine Energiefeld zurück, wobei der Buddha-Weg identisch mit unserer Suche nach uns selbst in dieser wahnhaften Welt ist. Der Buddha nimmt kein Vorurteil und keinen Glauben auf der Suche mit; er verspricht uns noch nicht einmal, daß wir das, was wir suchen, auch finden werden. Der Buddha ist daher nichts für Gläubige, nur für Entdecker.
Der Buddha ist nichts für Menschen, die nicht einmal das Risiko eingehen möchten, sich selbst zu entdecken und sich möglicherweise dabei auch selbst zu enttäuschen. Der Buddha nimmt uns unsere Lügen weg – plötzlich fühlen wir uns nackt. Er nimmt uns die Vertröstungen weg – plötzlich versinken wir in Unsicherheit und stehen vor dem Abgrund, weil der Buddha uns dazu bringt, unser Schicksal radikal in Frage zu stellen. Der Buddha hält uns ständig dazu an, auf eigenen Füßen zu stehen, nach innen zu schauen und zu entspannen. Denn wenn wir entspannt sind, können wir unser ›Urgesicht‹ sehen. Was aber geschieht auf diesem Weg? Von dem Moment an, wo wir verschwinden, verwandelt sich unser bisheriges Dasein, und wir treten aus dem Gefängnis unseres bisherigen Weltaufenthaltes heraus.
Wir alle sind mit Ideen, Vorurteilen und Vorstellungen angefüllt, mit allen möglichen Ideen, kaum mit irgendeiner eigenen Einsicht. Das ist das Hindernis, das uns blind macht und uns ein Gefühl der Erfüllung gibt, das unecht ist. Folglich muß es um die

Loslösung von den bisherigen Denk- und Verhaltensmustern gehen. Die Quelle wird im Innern unseres Selbst erkannt. Der Buddha rüttelt uns wach oder schockiert uns so, daß wir unsere alten Denk- und Verhaltensmuster endlich fallenlassen. Dies wird u.a. dadurch erreicht, daß der Schüler durch bewußt provozierte Krisen hindurchgeht. Der Buddha ist intolerant gegenüber festgefahrenen Mustern. Er betont die Unbeständigkeit des Lebens und die Notwendigkeit, sich ständig in Frage zu stellen, um so ständig neu zu lernen: im Moment zu leben; im Hier und Jetzt, in der Gegenwart.

Die Vermischung verschiedener philosophischer Systeme bildete einst in Japan die Grundlage für den Buddhismus, der in dem Inselreich seit dem 6. Jahrhundert Anhänger fand. Er war so stark vom Konfuzianismus beeinflußt, daß die Negierung der Dinge sich zu einer vollkommenen Lebensbejahung wandelte.

Zwar blieb der Grundgedanke von der Unwirklichkeit alles Seienden erhalten, aber die Vollendung des Menschen wurde doch im Handeln des Menschen und nicht in der Abkehr von der Welt gesucht. Bewußtes Handeln heißt: waches Bewußtsein in jedem Augenblick, bei jedem Schritt zu üben, wobei nicht das Ziel das Entscheidende ist, sondern der Weg.

Im Westen unterwerfen wir uns ständig langfristigen Zielen, häufig Endzielen und strategischen Planungsprozessen, während das Buddha-Denken von Augenblick zu Augenblick lebt und gegenüber Zukunftsutopien mehr als mißtrauisch ist. Der Buddha-Gedanke des Nicht-selbst, die Annahme, daß nichts wirklich ist außer unserem Bewußtsein und daß die Sinnenwelt nur in der menschlichen Vorstellung existiert, ist der Grundgedanke der Nichtzweiheit (›advaita‹). Der Mensch projiziert die Illusion des eigenen Ich auf die gefühlsmäßigen Wahrnehmungen, so daß die Umgebung zu einem Teil des Bewußtseins wird, mit dem er sich dann ständig zu seinem eigenen Nachteil zu identifizieren versucht.

Dogen Zenji sagt: »Den Buddha-Weg erfahren: sein eigenes Selbst erfahren.« Das Selbst ist das Universum, unendlich in Raum und Zeit. Das Selbst ist unser wahres Gesicht, bevor wir geboren wurden. Diese Erfahrung machen wir, sobald wir aufwachen.

Immer bewegt uns die Frage: Warum werden wir geboren, wie sollen wir leben in dieser Zeit, was geschieht nach dem Tode? Dazu noch einmal Dogen Zenji: »Der Buddha lehrt, es gibt kein dauerhaftes Ich. Wenn es aber kein dauerhaftes Ich gibt, gibt es auch keine Geburt und keinen Tod [...] Sein eigenes Selbst erfahren heißt (schließlich): sich selbst vergessen.«

Wenn wir den Buddha-Weg gehen, ist es wichtig, daß wir unsere alten Gewohnheiten ständig beobachten und nicht unterdrücken. Aufgeben geschieht einzig und allein durch beobachten. Wenn wir uns beobachten und uns zugleich in einem Zustand des Loslassens bewegen, dann werden die alten Gewohnheiten, selbst wenn sie hin und wieder noch einmal auftauchen, verschwinden. Denn unsere Gewohnheiten haben mit uns selbst nichts zu tun, sie sind uns anerzogen worden. Nur dann, wenn alles Aufgezwungene verschwunden ist, bewegen wir uns so, wie wir tatsächlich sind: ehrlich und natürlich. Dann erst können wir wirklich wachsen, und die schon erwähnten Maskenspiele hinter uns lassen: jenseits von Arrangements, Inszenierungen und Vortäuschungen.

Nur wenn wir alles loslassen, sind wir authentische Wesen. Unser Leben kann erst beginnen, wenn wir uns selbst gefunden haben, wenn wir endlich unsere vielen vorgetäuschten Selbste, unsere heuchlerischen Gewohnheiten abgelegt haben. Nur unser ursprüngliches Gesicht kann Buddha in uns erkennen. Deswegen ist das wichtigste für den, der sich auf den Weg macht, sein ursprüngliches Gesicht frei von allen Konditionierungen zu entdecken: Darin besteht der Sinn unseres Daseins, und in nichts anderem.

Wir können eigentlich nicht von einer Richtungslosigkeit unserer Zeit sprechen. Die Richtung besteht im Sog des industriell-wissenschaftlich-technischen Fortschritts. Wir können uns diesem Fortschritt nur widersetzen, indem jeder von uns täglich bewußter als bisher zu leben versucht und die Situation, in der diese Zeit steckt, täglich noch genauer analysiert und sie so transzendiert.

Auf sich selbst zuzugehen, das eigene Gesicht zu entdecken heißt: sich des Entwurfs des eigenen Lebens endlich bewußt zu werden. Was habe ich bisher getan? Was tue ich jetzt? Was werde ich tun? Sehen, wo liegt das Schwergewicht meines Lebens?

Der Wahrheitssucher sucht nie die Wahrheit. Im Gegenteil, er versucht sich von allem, was unwahr, unauthentisch, unaufrichtig ist, frei zu halten – erst dann …

Wir können die Wahrheit nicht finden, wie man z. B. einen Stein findet. Man kann nicht hinter der Wahrheit hinterherlaufen. Sie liegt bereits in uns verborgen. Wahrheit bedarf lediglich einer aufrichtigen Individualität. Sie läßt keine Abhängigkeit zu. Sie schafft für sich selbst Freiheit.

Dieses Zulassen, dieses Entspannen und Vertrauen darauf, daß nichts anderes nötig ist, als dieses Leben wirklich zu leben, das sich auf natürliche Weise entfaltet, beinhaltet den geheimnisvollen Sinn unseres Daseins. Dieses Loslassen gibt unserem Sein erst die Möglichkeit seiner Entfaltung. Derjenige, der Einsicht in sein Dasein gewinnen will, lernt, sich dem Unvertrauten, dem Unversicherbaren ohne Vorbehalt anzuvertrauen. Den Fluß weder drängen, noch ihm Widerstand leisten, ihn nur wahrnehmen, ohne daß der ›Macher‹ noch in Erscheinung tritt …

MEDITATION

Meditation lehrt, in diesem Moment zu leben, in diesem Hier und Jetzt total zu sein.
In der Meditation lernen wir, den Beobachter in uns zu entdecken: jenseits des Verstandes, des Körpers und der Gefühle. Wir sind dazu in der Lage, weil wir Menschen im Gegensatz zu den anderen Lebewesen selbsttranszendierende Wesen sind. In diesem Faktum liegt unsere Freiheit.
In der Meditation finden wir zu unserer Mitte. In dem Maße, in dem wir zu unserer Mitte finden, lösen wir uns von unseren Programmen. Von uns fällt alles ab, was nicht zu uns gehört.
Je intensiver wir beobachten, in unserem Zeugesein verwurzelt sind, desto schneller verschwindet in uns auch das Chaos unserer Gedanken, die Träume des Verstandes – und wir bleiben allein, in völliger Stille und in völligem Frieden. Das Zeugesein, die Grunderfahrung unseres Seins, die Quelle, aus der sich unser Leben speist, nur diese Erfahrung und keine psychoanalytische wird uns befreien. Meditation heißt nichts anderes, als der Stille

und dem Frieden in uns Raum zu geben, heißt, unsere Existenz in der Offenen Weite unseres Daseins zu leben, zu leiben.
Unsere Existenz ist und bleibt auch dann noch ein Geheimnis, ein Mysterium, trotz aller Entzauberungsexperimente der Wissenschaft. Nur für Blinde gibt es dieses Mysterium nicht. Wenn wir Augen haben und wirklich hinsehen, wenn wir Ohren haben und wirklich hinhören, ist und bleibt alles geheimnisvoll. Die Tiefe dieses Geheimnisses ist unendlich. Wir erreichen keinen Grund, keine Erklärung für das Mysterium unseres Lebens.
In der Meditation erkennen wir unser ursprüngliches Gesicht – wenn nicht heute, dann morgen. Entscheidend ist, daß wir still sitzen. Die Masken fallen von uns ab, die uns u.a. die Gesellschaft, in der wir leben, aufgesetzt hat. Die ›Persönlichkeit‹ fällt von uns ab, sie ist nicht mehr vorhanden. Endlich kommt unsere Individualität zum Vorschein.
Eine der wichtigsten Entdeckungen der indischen Yogis ist das Dritte Auge. Unsere beiden uns mehr oder weniger bekannten Augen sehen nach ›außen‹. Zwischen den Augenbrauen, genau in der Mitte, existiert jedoch ein ›Auge‹, eine Aufnahmefähigkeit, ein Einfühlungsvermögen, das uns, wenn es sich öffnet, die Welt, in der wir leben, völlig neu sehen läßt, wobei Innen und Außen jetzt nicht mehr getrennt sind.
Wir erkennen, daß wir nicht Körper, Verstand, Psyche sind. Wir nehmen zum ersten Mal unser Sein als Zeugesein wahr. Dieses Zeugesein-Können ist unsere Arche Noah. Unser Bewußtsein ist kein Nebenprodukt unseres Körpers, es ist etwas völlig

anderes als die materielle Welt. Es erwacht in uns, wenn wir ohne Anspannung sind, wenn wir nur da sind. Aber gerade das ist das schwierigste Problem, vor dem wir stehen, wenn wir zu meditieren beginnen.

Wir haben es dabei eilig, ›sehend zu werden‹. Wir wollen alle, daß ›es‹ jetzt, in diesem Augenblick, passiert. Aber gerade dadurch, daß wir es uns wünschen, es erwarten und darauf hin›arbeiten‹, verhindern wir unsere Transformation. Statt dessen sollen wir einfach nur beobachten, wie das Neue geboren wird, und unserem Mitgefühl, unserer Mitfreude, unserem Gleichmut Weite und Raum geben, unser inneres Wesen fühlen, in dem es nichts zu erreichen und nichts zu werden gibt. Jeder von uns ist schon das, was er in seinem bisherigen Leben auf verschiedene Weise gesucht hat. Wir haben dabei nur leider nie nach innen geschaut.

Wenn wir aber nach innen schauen, wann immer wir Zeit haben, dann findet jeder von uns seinen Weg. Suchen wir unser Hinterland auf, dann verschwinden eines Tages auch unsere Ängste, so daß wir es genießen können, niemand zu sein und im Namenlosen zu existieren.

Wir gehen durch die Weisung Buddhas, des Erwachten, den ›Weg der Mitte‹, auf dem es darum geht, daß wir weder an dem festhalten, was wir mögen, noch aber auch das zurückweisen, was unbequem und schmerzhaft ist, sondern daß wir genau in der Mitte bleiben – da, wo wir wiederum Zeuge allen Geschehens sind.

Allein durch Beobachten und Zeugesein öffnet sich der innere Raum zum tieferen Verständnis alles

dessen, was in uns, mit uns und durch uns geschieht – der Spiegel unserer Wahrnehmung wird klar.
Auf diese Weise kann jeder Moment unseres Lebens zur Meditation werden: Liegen, Sitzen, Gehen – jede alltägliche Handlung. Wir stellen dann u.a. fest, daß wir für den Himmel und für die Erde, unter dem bzw. auf der wir leben, selbst verantwortlich sind.
Dabei ist unser Atem der Spiegel unserer Lebendigkeit. Indem wir ihn kontrollieren, flach oder wenig atmen, blockieren wir den natürlichen Fluß unserer Gefühle und schränken so unsere Lebendigkeit ein. Umgekehrt zeigt uns unser Atem aber auch, wie wir zu unserem Körper mit allen seinen Sinnen, seinen spontanen Fähigkeiten und seiner Lebendigkeit zurückfinden können.
Meditation dient unserem Wachstum. Die Techniken sind hilfreich, aber sie stellen selbst noch keine Meditation dar; sie sind nur tastendes Suchen in der Dunkelheit.
Wir werden zu ›Zeugen‹, während wir unseren Alltagsgeschäften nachgehen. Die Welt geht weiter, aber wir identifizieren uns nicht mehr mit ihr. Wir sitzen gewissermaßen schweigend daneben, beobachtend. Die Technik ist dann kein Hindernis und keine Hilfe mehr. Wenn wir wollen, können wir sie wie eine Übung genießen; sie ruft in uns eine gewisse Lebendigkeit hervor, aber sie ist nicht mehr notwendig. Wirkliche Meditation hat sich ereignet.
Meditation heißt Beobachten. Meditieren heißt: zum ›Zeugesein‹ werden.
Meditation ist Verstehen, Bewußtheit. Aber wir brauchen Techniken, weil dieses letzte Verständnis,

dieses Bewußtsein noch weit von uns entfernt ist. Genau in diesem Augenblick können wir es aber erreichen. Allerdings werden wir es nicht erreichen, solange unser eindimensionaler Verstand uns vorgaukelt, alle Probleme, vor allem die individuellen, lösen zu können.

Am Anfang ist auch Meditation eine Technik, später ist sie es nicht mehr. Auch meditieren heißt zunächst, etwas zu tun. Auch Stillsitzen oder Nichtstun ist eine Tätigkeit.

Allerdings verschwindet jedes Tun, je weiter wir fortschreiten. Nur am Anfang scheint es eine Anstrengung zu sein. Wenn wir Erfolg haben, wird die ganze Sache spontan und mühelos. Keine Anstrengung ist dann mehr erforderlich; es ist wie das Atmen – es ist einfach da.

Am Anfang bedeutet Meditation Anstrengung. Aber wir gehen über diese Anstrengung hinaus, bis der Punkt kommt, wo wir uns überhaupt nicht mehr um Meditation bemühen. Wir sitzen dann einfach nur da und lassen es geschehen. Wir stehen nur einfach da, und es ereignet sich. Wir tun nichts mehr, wir beobachten nur noch. Der Moment der entspannten Mühelosigkeit tritt ein, und wir begreifen, daß die innere Wandlung, die innere Verwirklichung ohne jede Anstrengung geschieht.

Unser Verstand, über den wir hinausgehen, sagt uns ständig, daß die einfachen Techniken, die wir erlernen, uns nicht helfen können; er sagt uns, daß sie zu einfach sind, um etwas bewirken zu können. Unser Ich sagt uns ständig, daß sie überhaupt nichts nützen können. Das Ich ist nur an Dingen interessiert, die schwierig sind. Denn wenn etwas schwierig ist,

ist es eine Herausforderung. Wenn wir die Schwierigkeit überwinden können, fühlt sich unser Ich vollauf befriedigt.
Das Ich fühlt sich nie zu einfachen Dingen hingezogen. Sie haben keine Anziehungskraft, unterlaufen jeden Macht- und Herrschaftsanspruch. Das Ich sucht Schwierigkeiten – Hürden, die übersprungen, Gipfel, die gestürmt werden müssen. Je schwieriger der Gipfel, um so wohler wird sich das Ich fühlen. Weil unsere Techniken so einfach sind, üben sie keine Anziehung auf uns und unseren Verstand aus, der ohne das Ich nicht arbeiten kann. Aber auch hier gilt: »Der Verzicht gibt, er nimmt nicht.«
Wir praktizieren die uns von Buddha überlieferte Vipassana-Meditation. Sie bedeutet: Beobachten, Schauen, Einsicht. Diese Meditation ist die Essenz aller Meditationen. Sie läßt alles Unwesentliche weg und betont den wichtigsten Teil: das Beobachten.
Das Hauptobjekt der Beobachtung ist die Bewegung des Bauches beim Ein- und Ausatmen. Unser Atem bringt uns immer wieder in die Gegenwart zurück, wenn unser Kopf schon wieder auf Reisen in die Vergangenheit oder Zukunft gegangen ist. Beobachten wir unseren Körper, unsere Gedanken, unsere Gefühle – und be- oder verurteilen wir nichts! Lassen wir alles vorbeiziehen! Dann …
Unser Atem führt uns über die uns vertrauten Grenzen von Körper, Geist und Seele hinaus und macht uns mit den grundlegenden Lebensvorgängen vertraut, vorrangig mit dem Rhythmus des Ein- und Ausatmens, mit dem Rhythmus allen Lebens: Geborenwerden – Sterben – in jedem Moment neu.

Jeder Atemzug führt uns mit der universalen Lebensenergie frische Kraft zu und reinigt uns von bewußten und unbewußten Spannungen. Unsere Gefühlsblockaden verschwinden und machen einer neuen Lebensfreude Platz. Zugleich entdecken wir aber auch in unserem und durch unseren Atem die Brücke zwischen Körper und Seele, zwischen uns und dem Universum, zwischen Bekanntem und Unbekanntem: die Erfahrung von Licht und Ekstase. In der Meditation erfahren wir unsere innere Stille als unser Selbst, sobald diese unser Herzschlag geworden ist.
Jeder von uns lebt in dieser lauten Welt. Er hat Sehnsucht nach Stille und Geborgenheit. Aber die Stille, nach der wir vorrangig Sehnsucht haben, ist nur eine äußere Stille, nicht schon unsere eigene. Wir stehen unter dem Einfluß der Außenwelt. In der Meditation geht es aber um die Stille, die von innen kommt und von jener ungeheuren transformierenden Kraft ist, durch die wir ständig wachsen.
Ein Mensch, der in der Meditation lebt, ist aufgewacht, er lebt im Hier und Jetzt, in offener Weite.
Wir hören ein paar Augenblicke lang einfach nur auf die Geräusche, die vom Hof her zu uns in dieses Zimmer dringen. Ein Vogel singt, der Wind streicht durch die Bäume, Regentropfen fallen, ein Kind weint, die Portiersfrau von nebenan macht Lärm … Alles, was geschieht, passiert hier und jetzt. Wir verschließen uns nicht dem pulsierenden Leben um uns herum, wir bleiben offen. Unsere Sensibilität wächst, unsere ›Wahr‹-nehmung nimmt zu.
Wir sitzen. Wir erfahren unseren Atem. Wir erfahren unsere Stille, unser Schweigen.

Neue ›Lebensgeister‹ und neue Energien steigen in uns auf. Wir lassen sie zu. Wann immer wir uns auf diese ›Lebensgeister‹ einlassen, geschieht dies nicht ohne psychophysische Krisen. Daher gehe ich im Unterricht sehr langsam voran und möchte es erreichen, daß wir erst einmal von unserem Herzen her offen werden für das, was in uns und durch uns durch diese Energie geschieht. Die Gefahr, daß wir uns unseres Vorhabens nicht wirklich bewußt und infolgedessen auch nicht genügend vorbereitet sind, besteht ständig. Darüber hinaus ist es notwendig, das, was wir begonnen haben, auch abzuschließen. Wir haben sonst das Gefühl, etwas in unserem Leben versäumt, etwas ›abgebrochen‹ zu haben, was wir vielleicht hätten erst gar nicht beginnen sollen. Daher kann man sich nur ganz oder gar nicht auf diesen Weg einlassen, eine halbe Meditation gibt es nicht.

Meditation führt uns, wie angedeutet, durch Krisen, in denen wir uns von unseren Deformierungen, Neurosen, unseren bisherigen Programmen und Verhaltensweisen befreien, um nur noch ganz aus uns selbst heraus zu leben. Wir verhelfen uns damit zur Neugeburt. Und gerade sie ist ohne Schmerzen nicht zu haben.

Immer wieder kann ich beobachten, daß in der Meditation häufig immer noch ›Erlebnisse‹ gesucht werden. In der Meditation haben solche ›Erlebnisse‹ keinen Platz. Maßgebend allein ist unser Aufwachen – durch alle unsere Irrtümer und Enttäuschungen, unsere Wünsche, Hoffnungen, Erwartungen und Verzweiflungen hindurch. Wenn wir noch auf Erlebnisse aus sind, zeigt das nur, daß wir immer noch vom Verstand beherrscht werden. Dieses unser Instrument ist auf der Suche nach ›Erlebnissen‹, ist auf Erlebnisse geradezu versessen. In der Meditation gehen wir aber über solche Beschränkungen hinaus – in die uneingeschränkte Bewußtheit ohne Bezugsobjekt.

Wir erfahren in der Meditation überhaupt nichts Wunderbares, sondern nur eine unbegrenzte Leere und schließlich jene Offene Weite, die Fülle bedeutet. Von diesem Augenblick an verändern wir uns wirklich, ohne Anspannung.

Wann immer wir das Sensationelle, das Neueste vom Neuen, ja auch großartige Momente und Augenblicke suchen, wann immer wir flüchten vor unserer eigenen inneren Leere, verstricken wir uns in irgendeine Sache, in ein Problem, vor dem wir schließlich kapitulieren müssen. Wir rennen vor uns weg und bleiben in unseren bisherigen Verstrickungen gefangen. Im Grunde genommen bleiben wir stehen und gehen nicht weiter, obwohl wir glauben, ›Fort-schritte‹ zu machen.

Sehr häufig ist die Ursache unserer Sensationssucht eine geheime Hoffnungslosigkeit oder Existenzangst. Wenn wir die Angst zulassen, beobachten wir sie, wie sie uns zum Zittern bringt. Durch unser bloßes Beobachten gehen wir schon über sie hinaus und kommen irgendwann an den Punkt, wo Angst und Hoffnungslosigkeit vorüberziehen; übrig bleibt dann jenes Zentrum, jener unbewegte Beweger in uns, der hervortritt, sobald wir uns ernsthaft auf den ›Weg‹ machen. Wir erkennen dann, daß wir im Grunde schon längst angekommen sind, da sind, so daß sich unser bisheriger Lebensweg wie ein Um-

weg ausnimmt, den wir offensichtlich aber erst gehen mußten, um anzukommen.
Dem Zustand der Meditation nähern wir uns nicht durch unsere dauernden Warum-Fragen und schon gar nicht durch die bissigen Zugriffe, die wir mit Hilfe unseres Verstandes ständig vollführen, um ›hinter‹ die Dinge zu kommen. Wenn wir uns auf den Meditationsweg begeben, müssen wir uns selbst wie der Wirklichkeit gegenüber eine völlig andere Haltung einnehmen, sonst scheitern wir schon bei den ersten Schritten.
Unser analytischer Verstand spaltet die Wirklichkeit, in der wir leben, ständig in Gegen-Sätze auf: in Hell und Dunkel, Gut und Schlecht, Erfolg und Fehlschlag. Im Anschluß daran versucht er uns dazu zu bewegen, das eine zuungunsten des anderen zu wählen. Am Ende stehen Spannungen, Ängste, Nöte, Elend und Leiden. Warum? Weil sich der negierte Teil ständig aufs neue meldet und keine Ruhe gibt. Wenn wir z.B. die lichte, die ›entborgene‹ Seite wählen, wird uns die andere, die dunkle, die ›verborgene‹ Seite nicht mehr in Ruhe lassen, bis sie sich Geltung verschafft hat. Daher muß uns im Vollzug unserer Konzentrationsübungen der alles entscheidende Sprung in jene Dimension der Offenen Weite des unverstellten Seins glücken, die sich nicht für die eine noch die andere Seite entscheiden muß.
Wir müssen verstehen lernen, daß die eine nicht ohne die andere Seite existiert, daß das ›Verborgene‹ und das ›Unverborgene‹ zusammengehören, daß jede ›Ent‹-scheidung eine ganz unsinnige Anspannung, überflüssige Schwierigkeiten bedeutet.

Von dem Augenblick an, von dem wir weder die eine noch die andere Seite wählen oder uns in eine Entscheidung drängen lassen, verschwinden unsere Sorgen und Nöte, und wir sind frei. Wir werden dann gewahr, daß – solange wir uns ausschließlich mit unserem Verstand identifizieren – wir in unüberwindliche Schwierigkeiten geraten. Der Verstand ist etwas ausschließlich Technisches, auf das wir angewiesen sind, wenn wir ein bestimmtes, einkalkuliertes, einkalkulierbares Ziel im Auge haben. Sobald wir uns unseres Seins authentisch bewußt werden, stehen wir völlig neben unserem Verstand und sind nur noch der wache Zeuge, d.h. wiederum Beobachter des Gedankenstroms, der durch uns hindurchgeht.

Der Weg geht daher von Entscheidung zur Entscheidungslosigkeit, vom Verstand zum Nichtverstand, vom ›Etwas‹ zum ›Nichts‹.

In dem Maße, in dem wir uns nicht mehr auf diese Weise vom Verstand leiten lassen, vollziehen wir die alles entscheidende Einstellungsveränderung und erfahren uns ganzheitlich, was vorher durch unsere Konditionierungen verhindert war.

Zu diesen Konditionierungen gehören die seltsamen Vorstellungen von Gott und Teufel, Himmel und Hölle, die immer noch am Leben gehalten werden, um die Tatsache zu verschleiern, daß die Wahrheit bereits in uns vorhanden ist und nicht in den Schriften – wie uns Priester und Theologen –, nicht bei irgendeinem Retter – wie uns die Politiker – und auch nicht bei irgendeinem Guru liegt, wie uns heute selbst namhafte Persönlichkeiten oder Leitfiguren weismachen wollen. Wenn unsere Wahrheit

erst einmal aufgeblüht ist, läßt sie uns reicher, authentischer und vor allem menschlicher werden.
Von außen gesehen ist unser Inneres leer, von innen gesehen ist die Welt leer – und doch ist in ihr bereits die ganze Fülle! Denn was in dieser ›Leere‹ überfließt, ist und bleibt für unser Auge unsichtbar: der Duft unseres Wesens, die Liebe, die Stille, das Mitgefühl. Deshalb scheint alles leer zu sein, wenn wir von außen zum ersten Mal in unser Inneres hineinschauen. Von dem Augenblick an, wo wir von außen her der Leere gewahr werden und nicht der Fülle, entsteht der große Drang, der große ›Durst‹, diese Leere so schnell wie möglich zu füllen: mit Geld, mit Macht, mit Prestige. Am Ende werden wir zum Homo faber, weil wir im Bewußtsein dieser Leere offenbar nicht leben können.
Diese ›Leere‹, genauer gesagt diese Hohlheit, existiert aber nur so lange, als wir uns nicht wirklich auf den Weg begeben, uns zu entdecken und bereit sind, uns nackt zu sehen. Bislang haben wir nur nach materiellen Werten Ausschau gehalten und nicht begriffen, daß Liebe, Verstehen und Weisheit keine Objekte sind. Was unsere Existenz als Menschen ausmacht, ist und bleibt objektlos. Unsere Objektbesessenheit aber erzeugt ein gewaltiges Verlangen, uns z.B. auch mit spirituellem Wissen weiter anzufüllen und andere Menschen auch noch dazu zu bewegen, Gleiches zu tun.
In der Meditation beginnen wir, uns selbst Schritt um Schritt wahrzunehmen, uns zu erforschen, von uns zu lernen. Dabei werden wir auf unerschöpfliche, bislang nicht geahnte Schätze aufmerksam, so daß wir alles das, was wir bisher festzuhalten ver-

suchten, loslassen. Es besteht dann keine Notwendigkeit mehr, neuen Müll anzusammeln und andere dazu zu veranlassen, Ähnliches zu tun. Wir beginnen, jeden auf seine Einzigartigkeit, auf seine Freiheit, auf sein Potential (ohne jeden Missionsanspruch), auf sein Zentrum, das der Verstand zu keiner Zeit erreichen und infolgedessen auch nicht unter Beweiskraft stellen kann, aufmerksam zu machen.

Wir sind nur Beobachter. Um uns herum gibt es nichts, woran wir uns festhalten könnten. Dieses Beobachten ohne jedes Festhalten ist insbesondere in der Zen-Lehre der ›leere Verstand‹, leer von allen Gedanken, Gefühlen und Emotionen. Was bleibt, ist wieder nur das Beobachten.

Sich nicht mit Gedanken oder Ideen zu identifizieren ist zwar schwierig, aber nicht unmöglich, denn Gedanken und Ideen bleiben doch eher an der Oberfläche. Sich nicht mit den Gefühlen zu identifizieren ist hingegen nicht so einfach, weil sie häufig tiefer gehen. Es ist z.B. viel einfacher, sich die Relativitätstheorie vor Augen zu führen, weit schwieriger aber Beobachter unseres Ärgers, unserer Wut, unserer Liebe, unserer Raffgier, unseres Ehrgeizes und unserer Verblendungen zu werden. Was aber können wir tun?

Beginnen wir mit ganz einfachen Beschäftigungen, z.B. mit dem Gehen. Wir gehen und sind uns bewußt, daß wir gehen (»Schau unter Deine Füße«!). Jeder Schritt kann am Ende voller Bewußtheit sein. Für das Essen und das Trinken gilt das gleiche: Ich tue es in völliger Bewußtheit.

Ich bin erstaunt darüber, daß nach gemeinsamer

Meditation immer wieder laut geredet und geschwätzt wird, obwohl wir uns doch gerade ganz bei uns bzw. in uns in der Stille und im Schweigen aufgehalten haben. Offenbar halten wir es nicht aus, in unserem Schweigen, in unserer Stille voller Achtsamkeit und Bewußtheit zu bleiben, weil wir möglicherweise extrem redesüchtig geworden sind.
Die Übungen beginnen im Alltag, was für Anfänger besonders wichtig ist. Je intensiver wir Achtsamkeit in den alltäglichen Dingen üben, desto intensiver erfahren wir, daß wir auch im Alltag durchaus meditativ leben können. Bewußtheit ist der Höhepunkt eines jahrelangen, täglich geübten Lernens. Unser Gehen vollzieht sich langsamer – aber bewußter. Entscheidend ist, daß sich mit unserem Gehen schließlich unser Blickwinkel verändert und so allmählich die Dunkelheit unserer Unbewußtheit verschwindet.
Uns mißlingen im Leben viele Dinge, weil wir häufig falsch anfangen. Das gilt auch für die Meditation. Unser Verstand ist ungeduldig, wir wollen alles schnell machen, so auch unsere Meditation, um uns dann ganz schnell wieder den anderen, mehr oder weniger interessanten ›Dingen‹ zuzuwenden ... Wir wollen häufig zu schnellen ›Ergebnissen‹ kommen. Aber gerade das führt zu Fehlschlägen, von denen wir uns nicht so schnell wieder erholen. Ich sehe nur den Weg einer langsamen und höchst mühsamen Veränderung, die aber nur so lange mühsam bleibt, bis wir begreifen, daß wir das, was wir bisher festgehalten haben, nur loszulassen brauchen.
Aufzuwachen bedeutet, die Wirklichkeit und nicht

nur die eingeschränkte Realität, in der wir leben, in ihrer Vielfalt zu erkennen und zu verstehen. In keinem Fall meine ich damit, daß die Wirklichkeit jemals in einer eindimensionalen ›Weltanschauung‹ eingekapselt werden könnte. ›Weltanschauungen‹ sind Produkte der europäischen Philosophie, namentlich des ausgehenden 19. Jahrhunderts, mit den katastrophalen Folgen des 20. Jahrhunderts. Sobald wir uns an einem Aspekt der Wirklichkeit festhalten, uns mit diesem Aspekt identifizieren, verlieren wir unsere Freiheit, insbesondere die unserer Selbsterkenntnis. Schließlich verlieren wir uns selbst. Das betrifft auch unser Verhältnis zu anderen Menschen. In dem Maße, in dem wir uns an einem anderen Menschen festbeißen, ihn gar als unser Eigentum betrachten, verlieren wir nicht nur diesen Menschen, sondern auch uns selbst.

Ein wirklich authentischer Mensch verändert sich genauso wie die Wirklichkeit, in der er lebt. Daher kann auch ein authentischer Mensch zu keiner Zeit derselbe Mensch bleiben, er wäre sonst tot. Ein lebendiger Mensch – und ein authentisch lebender Mensch ist erst ein wirklich lebendiger Mensch – bewegt sich äußerlich gesehen ständig in Extremen, er ist nicht berechenbar. Er akzeptiert sich jedoch in seinen Widersprüchen und ist gerade dadurch offen. Er bewegt sich ständig dahin, wo ihn sein Lebensimpuls hintreibt, er akzeptiert ihn. Entscheidend ist nur, daß er sich selbst dabei nicht aus dem Auge verliert.

Selbsterkenntnis erreicht der authentische Mensch, indem er über die bedingten Erkenntnismöglichkeiten seines Kopfes und seines Herzens,

über sein augenblickliches Denken und Fühlen, hinausgeht. Wohin? In die Stille.
Weder unser Kopf (Verstand) noch unser Herz kennen Stille. In unserem Kopf findet ganz im Gegenteil ein permanentes Kommen und Gehen unserer Gedanken, in unserem Herzen ein permanentes Kommen und Gehen unserer Gefühle statt. Weder die Erkenntnismöglichkeit unseres Verstandes noch die unseres Herzens stellt daher schon die Endstation unserer Selbst- und Wirklichkeitserkenntnis, geschweige denn wirkliches Verstehen dar. Wahre Erkenntnis, die unser Sein unmittelbar betrifft, findet nur in einem Sprung aus den uns ständig beschränkenden Konventionen statt – in einem Sprung in die in uns allen vorhandene lautlose Stille, die sich nicht nur durch die Abwesenheit von Gedanken und Worten kundtut, sondern sich z. B. in einer Musik und in einem Tanz zeigt.
Wenn wir lieben, entsteht eine wortlose Kommunikation, die dem Verstand entgeht bzw. ihm nicht bewußt wird. Denn unser Verstand kann stille Botschaften nicht verstehen und schon gar nicht be›greifen‹. Er kann eine Musik, die ohne Instrumente erklingt, nicht wahrnehmen. Unser Herz hat jedoch diese Fähigkeiten. Das gleiche trifft auch zu, wenn wir einem Menschen in seiner Menschlichkeit begegnen: Nonverbal ist alles, was zu sagen ist, dann schon längst gesagt.
Aber auch jetzt ist die so häufig zitierte Stille des Herzens nicht schon mit Selbsterkenntnis gleichzusetzen, obwohl sie die Voraussetzung dafür darstellt. Die Stille unseres Herzens öffnet lediglich die Tür, die uns zu diesem Ziel hinführt.

Um uns herum toben selbstverständlich die Turbulenzen des Alltags unvermindert weiter, des Alltags, den wir in seiner Bedeutung für unseren Weg nicht herabsetzen sollten, weil er es ist, der uns unaufhörlich testet, und weil er uns ständig zwingt, unsere Schritte zu überprüfen: (a) ob wir uns in eine ›Weltanschauung‹ hineinbegeben und uns damit vom Erdboden abgehoben haben oder ob wir (b) uns auch wirklich noch auf dem Weg zu uns befinden. Daraus folgt, daß wir in jeder Hinsicht den Alltag mit seinen Sorgen und Nöten, mit seinen Krisen dankbar gegrüßen sollten: als zeichensetzende Kraft, wie es wirklich um uns bestellt ist. Das bedeutet, daß wir auch immer wieder durch die Schmerzzonen unserer Erinnerungen hindurchgehen müssen, bis wir unser Urgesicht wirklich sehen bzw. zu sehen bereit sind.
Wenn wir uns entspannen, die Augen schließen, in uns hineinhören und uns unserem Atem anvertrauen, begegnen wir der lautlosen Stille, aus der heraus in Zukunft alle unsere Aktivitäten erfolgen. Wir müssen nur die notwendige Geduld aufbringen. Sind wir mit dieser Stille in unserer eigenen Mitte erst einmal verbunden, verwandelt sich unser Tun in ein Geschehenlassen.
Wu-Wei nennt der Taoismus diese Resonanz der Stille: aus der der Weg des Tuns durch Nichttun entspringt. In dieser Stille sind wir mit dem Universum verbunden und eins mit unserem Dasein. Wir erfahren darin schließlich unser Alleinsein: von nun an aber als Schlüssel, um uns diesen Ort immer weiter zu erschließen. Auch jetzt stoßen wir wieder auf unsere Verletzungen, Schmerzen und Kränkun-

gen – wir lassen sie erneut los, was natürlich nicht heißt, daß sie dann nicht wiederkehren. Aber wir gewinnen ihnen gegenüber ein neues Verhältnis und werden durch sie er-›wachsener‹.

Entscheidend ist der Augenblick der lautlosen Stille in der Mitte jener Schwingungsbahn zwischen den uns vertrauten Polen: Yin und Yang, Innen und Außen, Aktiv und Passiv, Laut und Leise. Der Buddha sprach daher stets vom ›Weg der Mitte‹, der einzuhalten ist, wenn wir ›ankommen‹ wollen. Was wollte er damit sagen?

Immer dann, wenn wir in den Bewegungsablauf der zitierten Pendelbewegung eingreifen und die lautlose Stille, mithin den Gleichgewichtspunkt in uns, verlassen, schlägt das Pendel zu unserem Leidwesen, zu unserem Unglück aus. Wir geraten ins Ungleichgewicht. Daher verbinden wir uns in der Meditation auch immer wieder mit dem Ort der lautlosen Stille in uns selbst, um von diesem Ort aus unser Gelassensein zu finden.

Statt weiterhin angespannt zu sein, lassen wir die Dinge geschehen bzw. das, was sowieso geschehen soll, auf uns zukommen.

Statt weiterhin in Hektik zu verfallen, lassen wir los.

Statt weiterhin unser sinnloses Tun fortzusetzen, ›machen‹ wir nichts mehr. Wir lassen uns statt dessen in uns selbst nieder.

Wir nehmen ›wahr‹; wir ›beobachten‹, was mit uns und um uns herum, hier-jetzt geschieht. Wir ›greifen‹ aber nicht mehr trotzig in das Geschehen ein.

Wir halten weder etwas fest, noch drängen wir et-

was fort. Wir werden so still und bleiben es, wenn wir wieder in den Alltag hineingehen und uns der täglichen Arbeit zuwenden.
Vom Herzen aus beobachten wir unser Leben – und erleben es freudig. Unser Herz ist unser Lehrer, nicht unser Verstand, der uns im Grunde nichts wirklich lehren kann.
Vom Herzen aus und zum Herzen hin erfolgt unsere Selbsterforschung, die intensive Befragung: Wer bin ich, woher komme ich, wohin gehe ich und warum bin ich überhaupt auf der Welt? Ganz gleich, was wir tun, wir richten immer intensiver unsere Aufmerksamkeit auf den jeweiligen Zwischenraum zwischen unseren Atemzügen.
Um uns diese Technik wirklich zu eigen zu machen, müssen wir sie auch üben, während wir etwas tun, d.h., auch während wir uns mit unseren alltäglichen Dingen beschäftigen. Wenn wir essen, essen wir weiter, aber nehmen dabei den jeweiligen Zwischenraum, unsere Atemwenden, bewußt wahr; beim Gehen: Gehen wir weiter, aber nehmen wir den jeweiligen Zwischenraum, unsere Atemwenden, auch jetzt bewußt wahr; beim Schlafengehen: Legen wir uns hin und lassen den Schlaf kommen, aber nehmen wir den jeweiligen Zwischenraum, unsere Atemwenden, bewußt wahr, dann …
Entscheidend ist, daß wir immer wieder unsere Aufmerksamkeit auf eben die jeweilige Pause lenken und damit auch nicht aufhören, wenn wir aktiv sind; wir machen mit dem, was wir tun bzw. täglich zu erledigen haben, unbeirrt weiter.
Wir leben dann auf zwei Ebenen: auf der unseres Tuns und der unseres eigentlichen Seins, an der

Peripherie, aber gleichzeitig auch in unserem Zentrum.

Unsere Handlungen werden, wenn wir in unseren Übungen nicht nachlassen, schließlich zu einem herrlichen Spiel: als ob wir in einem Theaterstück eine Rolle spielten.

Wenn wir diesen Weg gehen, verwandelt sich unser Leben in ein Bühnenstück, bei dem wir die verschiedensten Rollen spielen, zugleich aber in der Mitte des genannten Zwischenraumes, der Pause, bleiben.

Sobald wir den jeweiligen Zwischenraum nicht mehr wahrnehmen, haben wir vergessen, daß wir nur eine Rolle spielen. Wir haben uns wieder mit ihr identifiziert.

Jeder glaubt, daß er das Leben lebt. Aber es ist nicht das Leben, sondern nur eine Rolle, die ihm von der Gesellschaft, den Umständen, der Kultur, der Tradition, dem Staat, also den äußeren Bedingungen, unter denen er lebt, aufgeherrscht wurde. ›Man‹ hat uns eine bestimmte Rolle zu spielen zugewiesen, und wir spielen sie letztendlich so perfekt, weil wir uns inzwischen total mit ihr identifiziert haben.

Meditation dient dazu, uns von dieser geradezu verhängnisvollen Identifikation zu befreien. Unsere Wahrnehmung geschieht in dem Zwischenraum zwischen zwei Atemzügen, während das Leben an der Peripherie weiterläuft. Solange sich unsere Aufmerksamkeit im Zentrum bewegt, wird die Peripherie nur zweitrangig wahrgenommen. Hier spielen sich Dinge ab, die sich in der Nähe unserer Wahrnehmung befinden. Wir fühlen sie und wissen, was geschieht, aber sie sind unbedeutend. Es ist, als würden sie uns nicht berühren. Meditation führt in unserem Alltagsleben dazu, die Wirklichkeit, einschließlich der Menschen um uns herum, auch derjenigen, die unserem Herzen besonders nahestehen, schärfer als bisher wahrzunehmen. Neue Kommunikationsfelder entstehen, alte lösen sich auf. Wir lernen neue Menschen kennen. Bisherige Freundschaften lösen sich auf. Wir sehen die Wirklichkeit neu und nehmen die Chancen wahr, die uns bisher verschlossen waren. Es ist jetzt das Leben selbst, das sich lustvoll zerstört und lustvoll wiedergebiert: ohne eines Gottes oder eines Teufels zu unserer Rechtfertigung oder Zielsetzung zu bedürfen.

Zerstörung und Gewalt, Niedertracht und Bosheit, das dürfen wir dabei nicht vergessen, beherrschen auch weiterhin dieses Bühnengeschehen, dem wir unsere Meditation, unsere Bewußtseinsarbeit, ohne jeden Missionsanspruch, entgegensetzen. Immer neue Ideologien unter dem Deckmantel ständig neuer, durchgreifender Revolutionen werden verbreitet.

Die Apokalypse, sofern sie heute in der weltweiten ökologischen Katastrophe zum Ausdruck kommt, längst erahnt und von vielen schon lange vorausgesehen, greift auf vielfältige Weise in das Leben eines jeden von uns ein. Alle unterdrücken sich schließlich selbst.

In der Meditation erfahren wir durch das nebelhaft ruinöse Spiel hindurch die Einheit aller Dinge, die durch die Barrieren zwischen den Völkern, Klassen, Geschäftsinteressen, Sprachen und Geschlechtern zerstört zu sein scheint. Wir erfahren, wenn wir es zuerst vielleicht auch nicht wahrhaben wollen, noch stärker als bisher die fortschreitende Gefährdung unserer nackten Existenz durch das räuberische Wirtschaftssystem eines immer noch weiter um sich greifenden Fortschrittswahns. Wir erfahren noch intensiver als bisher die Äußerungsformen einer vom Profitstreben gejagten Gesellschaft. Wir erfahren noch intensiver die in dieser Profitgesellschaft verkümmerte Liebesfähigkeit des einzelnen einerseits und der psychischen Gefährdung der Gesellschaft andererseits; wir erfahren ihren sozialen Zerfall. Was wir aber dafür gewinnen, ist Klarheit in der Erkenntnis der Verhältnisse und Zustände, wie sie wirklich sind, und mehr Wahrhaftigkeit und Aufrichtigkeit in unserem täglichen Tun. Natürlich erfahren wir auf der einen Seite den Grad der schon aufgezeigten Entfremdung und die Konsequenz der Vergeblichkeit unseres bisherigen Tuns schmerzhaft; natürlich hoffen wir immer wieder auf eine Kehrtwendung in der zerstörerischen Entwicklung unserer (Welt-)Gesellschaft. Aber wir können mehr Bewußtsein als bisher in dieser Gesellschaft wecken und so dazu beitragen, daß sie sich erst einmal ihrer Wahnhaftigkeit bewußt wird. Mehr können wir nicht tun.

Das ist ein anderes ›Tun‹ als das bisher praktizierte. Wir alle werden zu einem bestimmten Tun erzogen; denn die Gesellschaft braucht uns als Arbeit›nehmer‹ für die industriell-wissenschaftlich-technische Produktion – in erster Linie für die Habgierigen, für die Berechnenden und für die Mächtigen. Die an uns bislang praktizierte Pädagogik diente dazu, uns zu Sklaven zu machen, deren Leben

nichts als Arbeit in ihrer entfremdenden und entfremdeten Form ist.
Das heißt nicht, daß wir nichts mehr tun sollen, denn wir müssen nun einmal essen, uns kleiden und uns ein Dach über dem Kopf verschaffen. Aber diese Arbeit sollte sich auf die wirklichen Bedürfnisse jedes einzelnen von uns und nicht auf die fiktiven der alle Vorstellungen sprengenden Bedürfnisse der Arbeit›geber‹ beziehen, die uns nur immer weiter aufgrund ihres ruinösen Profitstrebens einen unbewohnbaren Planeten bescheren.
Es geht um die Bewußtseinsveränderung des heute noch vor sich hindämmernden ›Verbrauchers‹ bzw. ›Warenkonsumenten‹, da sich die These – wenn sich die gesellschaftlichen Rahmenbedingungen verändern, verändert sich auch schon das Bewußtsein der vielen einzelnen – inzwischen als falsch erwiesen hat. Das Gegenteil ist richtig: Wenn sich bei jedem von uns das Bewußtsein verändert, erst dann werden sich auch die Rahmen- bzw. Randbedingungen der Gesellschaftsstruktur verändern, da diese Strukturen stets nur Projektionen des menschlichen Verstandes, die sich inzwischen verselbständigt haben, darstellen.
Des eigenen Seins, des eigenen Wesens sich bewußt zu werden, es wahrzunehmen heißt: sich erst einmal seines eigenen wirklichen Wissens bewußt zu werden. Wenn wir weiter ›wachsen‹ wollen, d.h., wirklich ›aufwachen‹ wollen, gibt es nichts zu ›tun‹, sondern nur auf das in uns vorhandene Wissen zu hören. Wir wollen nichts ›besitzen‹, wir wollen keinen ›beeindrucken‹, wir wollen nur bewußter, d.h. wacher leben.

Wir benötigen dazu keine besondere Energie. Wir sitzen nur da – der höchste Gipfel unserer Bewußtheit; wir ›tun‹ nichts – unbewegt, still.

SPRICH NICHT ÜBER ZEN – LEHRE ZEN MIT DEM KÖRPER – ZEIGE ZEN

Bodhi-Dharma begab sich der Überlieferung nach 520 v. Chr. zu Schiff von Indien nach Südchina. Nach einem kurzen, erfolglosen Versuch, seine Lehre dort zu verbreiten, wanderte er weiter nach Lo-yang in Nordchina und ließ sich schließlich im Shao-lin-Kloster auf dem Berg Sung-shan nieder. Hier übte er neun Jahre lang unerschütterlich Zazen, das stille Sitzen. Deshalb wird diese Periode auch ›neun Jahre der Wand gegenüber‹ genannt. Hier fand Hui-k'o, der spätere 2. Patriarch des Zen in China, zu ihm und wurde nach einem eindrucksvollen Beweis seines ›Willens zur Wahrheit‹ als sein Schüler angenommen.

Bodhi-Dharma kam aus Indien, dem Ursprungsort und der Heimat dessen, was wir heute ›östliche Weisheit‹ nennen. Schon Nietzsche hat uns darauf hingewiesen, »[...] daß in Indien vor vier Jahrtausenden mehr gedacht wurde und mehr Lust am Denken vererbt zu werden pflegte als jetzt unter uns« hier in Europa. Ohne das südasiatische Denken wäre aber das ostasiatische Denken in seiner heutigen Ausprägung nicht möglich gewesen, wobei innerhalb des südasiatischen Denkens der Lehre Buddhas eine besondere Bedeutung zukommt.

Die Lehre Buddhas erreichte ihre Ausstrahlung auch in den letzten Winkeln Ostasiens, Südostasiens (Hinterindien, Indochina, Insel-Indien), Mittel- und Westasiens. Daß ohne das Erscheinen des Buddhismus in seinen verschiedenen Ausprägungen weder das meditative Denken der Chinesen, Koreaner und Japaner (und der Tibeter, der Mongolen und Südostasiaten) je auf den Weg gebracht noch auch der Taoismus abgesichert worden wäre, ist heute völlig unstrittig. Die buddhistischen Lehren gelangten von Kashmir nach West- und Mittelasien, von dort über die berühmte Seidenstraße durch Westchina nach Ch'ang-an und weiter bis in die alte Kaiser-Residenz Lo-yang. Bisweilen geschah dies aber auch auf dem Seeweg an Hinterindien vorbei nach Südchina.

Die geistige Durchdringung Ostasiens durch das südasiatische Denken blieb dem ›Westen‹ sowohl damals – etwa um die Zeitenwende – als auch in folgenden Jahrhunderten weitgehend verborgen.

Erst in den letzten 100 Jahren erkannte man auch in Europa, was sich in Asien inzwischen vollzogen hatte. Daher ist die Feststellung keineswegs übertrieben, daß dem Ost-West-Dialog – unbemerkt vom Westen und an ihm vorbei – schon ein lange währender Süd-Ost-Dialog vorausging, den wir erst jetzt zu begreifen beginnen.

Während der Okzident sich permanent seines griechisch-römischen und jüdisch-christlichen Erbes

versicherte, entspann sich zwischen Süd- und Ostasien ein Dialog, dessen Inhalt in der Phase der Orientierungslosigkeit, in der wir uns gegenwärtig befinden, von großer Wichtigkeit ist.
Bodhi-Dharma war dem Kaiser Wuti begegnet. Wuti war ein Anhänger und Förderer des Buddhismus und hatte in seinem Herrschaftsbereich einige buddhistische Klöster bauen lassen. Nun fragte er den gerade aus Indien kommenden Meister Bodhi-Dharma, welche Verdienste er sich damit für sein späteres Leben erworben habe. Bodhi-Dharma antwortete auf diese Frage knapp und schlüssig: »Keine Verdienste.«
Was denn der »höchste Sinn der Heiligen Wahrheit«, also der Kern der buddhistischen Lehre, sei, fragte der Kaiser weiter. »Leere Weite – nichts Heiliges«, antwortete Bodhi-Dharma. Nun verlangte der Kaiser zu wissen: »Wer ist das uns gegenüber?« – »(Ich) weiß (es) nicht«, entgegnete Bodhi-Dharma, der dem Kaiser mit diesen Antworten den Kern seiner Lehre offenbarte, ohne daß dieser das begriff.
Die Begegnung mit dem Kaiser Wuti von Liang zeigte Bodhi-Dharma, daß die Zeit für die Aufnahme seines Dharma in China noch nicht reif war. Er überquerte deshalb den Yangtse, wie die Legende erzählt, auf einem Schilfblatt – ein beliebtes Sujet in der Zen-Malerei – und reiste weiter nach Nordchina, wo er sich schließlich im Shao-lin-Kloster niederließ. Es ist nicht sicher, ob er dort starb oder ob er das Kloster wieder verließ, nachdem er das Patriarchat auf Hui-K'o übertragen hatte. Nach einer Legende bekam er nach neun Jahren im Shao-lin-Kloster Heimweh nach Indien und ent-

schloß sich, wieder dorthin zurückzukehren. Bevor er abreiste, rief er seine Schüler zusammen, um die Verwirklichung seiner Lehre bei ihnen zu prüfen. Der erste Schüler, den er fragte, sagte: »Wie ich es verstehe, sollten wir, wenn wir die Wahrheit verwirklichen wollen, uns weder ganz auf Worte verlassen, noch sollten wir die Worte ganz abtun; wir sollten sie vielmehr als ein Werkzeug auf dem Weg benutzen.« Bhodi-Dharma antwortete ihm: »Du hast meine Haut erfaßt.« Als nächstes trat eine Nonne vor und sagte: »Wie ich es verstehe, ist die Wahrheit wie eine glücksverheißende Schau des Buddha-Paradieses; man sieht sie einmal und dann nie wieder.« Ihr antworte Bhodi-Dharma: »Du hast mein Fleisch erfaßt.« Der nächste Schüler sagte: »Die vier großen Elemente sind leer, und die fünf skandhas (Körperlichkeit, Empfindungen, Wahrnehmung, psychische Formkräfte, Bewußtsein) sind nichtexistent. Es gibt in der Tat nichts, das zu erfassen wäre«, ich darf ergänzen: weil sie vergänglich sind. Hierauf entgegnete Bodhi-Dharma: »Du hast meine Knochen erfaßt.« Schließlich war Hui-K'o an der Reihe. Er sagte nichts, sondern verbeugte sich nur schweigend vor dem Meister. Ihm sagte Bodhi-Dharma: »Du hast mein Mark erfaßt.«
Nach einer anderen Legende wurde Bodhi-Dharma im Alter von 150 Jahren vergiftet und in den Bergen von Honan begraben. Nicht lange nach seinem Tod traf der Pilger Sun Yun, der nach Indien gereist war, um dort Lehrtexte nach China zu holen, auf seinem Heimweg Bodhi-Dharma in den Bergen von Turkestan. Der indische Meister, der nur eine Sandale trug, sagte dem Pilger, er sei dabei, nach Indien zu-

rückzukehren – in China werde ein chinesischer Dharma-Nachfolger seine Tradition fortsetzen.
Nach seiner Heimkehr nach China berichtete Sung Yun den Schülern Bodhi-Dharmas von dieser Begegnung. Sie öffneten sein Grab und fanden es leer, bis auf eine Sandale des Patriarchen!
In dem Film ›Warum Bodhi-Dharma in den Orient aufbrach‹ leben drei Menschen in den weiten, dichtbewaldeten Bergen Südkoreas: ein alter Meister des Zen-Buddhismus, sein noch unsicherer Schüler und ein Waisenkind. Um diese drei Menschen herum die alles beherrschende Natur, ihre Elemente: Wasser, Feuer, Erde, Wind und Licht.
Die drei Menschen, die in diesem Film ganz bestimmte Erfahrungen machen, können als Stadien, die ein Mensch auf dem ›Weg‹ zur erfüllten Harmonie, zur inneren Freiheit, durchläuft, verstanden werden. Eine der Fragen, die uns alle immer wieder bewegen, lautet: Warum brauchen wir ein ganzes Leben, um den Sinn dieses Lebens zu entdecken und seine Probleme zu lösen? Die Bilder dieses Films – und das ist für das Verständnis des Zenweges entscheidend – führen uns intuitiv und sinnlich zu unserem Selbst zurück und stellen die Frage, ob das Leben, das wir führen, überhaupt sinnvoll gestaltet ist. Der Film entfaltet eine eindringliche gesellschaftspolitische Kraft: nicht nur durch das im Buddhismus verwurzelte soziale Engagement, sondern auch durch die geistige Orientierung, die er gibt und die die Scheinwerte, in denen wir heute in West und Ost bis zum Überdruß leben, radikal in Frage stellt.
Der Schüler und das Waisenkind verkörpern Men-

schen, die – uns ähnlich – leiden, weil sie offenbar unfähig sind, das Problem des Daseins wirklich zu begreifen, gar zu lösen.

Eines Tages führt das Waisenkind, Haejin, unbeabsichtigt den Tod eines Vogels herbei und zerstört dadurch die traute Gemeinschaft eines Vogelpaares. Dadurch wird er zum ersten Mal in seinem Leben mit der Dualität von Leben und Tod, also mit der Endlichkeit unseres Da-seins konfrontiert. Der allein gebliebene Vogel folgt dem Kind überall hin, und Haejin beginnt, das fundamentale, dem Leben zugrundeliegende Leiden, den Tod und das Vergängliche am Leben, die Zuneigung und die Leidenschaft, die Schuld und die Angst zu verstehen.

Bevor der Meister stirbt, überläßt er seinen Körper seinem Schüler, dem jungen Mönch Kibong, um ihm die Möglichkeit zu geben, ein ihm vor längerer Zeit aufgetragenes Koan zu lösen. Kibong verbrennt den Leichnam in der Nacht allein in den Bergen.

Durch den Wald hindurch sieht man jetzt die Gesichter von Haejin und Kibong. Wir erkennen den allein gebliebenen Vogel, die aus dem Stall ausgebrochene Kuh, die ständig umherirrt und damit auf die bedeutende Zen-Geschichte des Ochsen und seines Hirten hinweist. Die Flammen des Feuers, das die ganze Nacht brennt, löschen das Leben endgültig aus und zerstören so die Mauer zwischen Geburt und Tod, Gut und Böse, Glück und Unglück.

Die Flammen dieses Feuers sind für Haejin und Kibong eine vom Zen-Meister bewußt herbeigeführte Erfahrung, die nicht in Worte gefaßt werden kann und die es ihnen doch erlaubt, ›alles‹ zu begreifen. »Unser Dasein ist im Grunde leer (d.h. vergänglich); es gibt (so auch) weder Geburt noch Tod.«

Am nächsten Tag überquert Kibong bei Einbruch der Dunkelheit den Fluß, die aus dem Stall ausgebrochene Kuh am Zügel führend. In der Ferne sieht man den Schatten des allein gebliebenen Vogels, der jetzt seine gestern noch durch die Bande der Zuneigung gefesselten Flügel ausbreitet und über den Berg davonfliegt.

Die Zeit wird als Raum, in dem wir uns bewegen, begriffen, sie ist die Welt, an die wir gebunden sind, um uns eines nicht vorher bestimmbaren Tages zu finden. Nur da, wo nichts mehr ist, kann sich das ›Eine Sein‹, das Unverfügbare und Namenlose zeigen: Wir haben uns befreit.

Was sich für uns schließlich zeigt, ist das Einvernehmen mit allem, was ist: die Freude nicht über oder auf ›etwas‹, sondern sie selbst. Der Vogel, der sich in die Lüfte erhebt, symbolisiert auch noch den letzten denkbaren Halt, um dann endlich loszulassen. Das ist es. Sich an den Dingen des Lebens zu freuen, ohne sie zu begehren, weil jedes Begehren uns wieder bindet und so zwischen den Dingen, ja dem Leben und uns eine Mauer aufrichtet. Daher fordert uns der Zen-Meister Bodhi-Dharma auf, vollkommen leer zu werden, so daß wir auch wieder vertrauter mit der Erde und dem Himmel, mit unseren Mitmenschen und den Dingen werden, d.h., wieder näher bei ihnen wohnen.

Der Zen-Weg ist nicht, wie häufig angenommen wird, identisch mit Weltflucht, sondern die entscheidende Voraussetzung dafür, daß wir überhaupt der Welt begegnen können, daß Zeit uns zur Begegnung werden kann. Der bereits zitierte Satz: »Unser Dasein ist im Grunde leer; es gibt weder Geburt noch Tod« bedeutet: In dieses Dasein eintretend bin ich Etwas. Bevor ich jedoch in das geformte, manifestierte Dasein eintrat, war ich das Ganze, das Eine, ungespalten von Geburt und Tod. Versuche ich, diesem Partikelchen, diesem Etwas einen Namen zu geben, dann trenne ich mich von dem Unbenennbaren, dem Einen, dem Namenlosen.

Dieses Eine läßt sich wissenschaftlich nicht begreifen, denn wissenschaftliches Erfassen ist und kann auch nur auf Vieles hin ausgerichtet sein, so daß es das Einssein notwendig verfehlen muß. Sobald wir aber in unser inneres Hinterland aufbrechen, indem wir wissen wollen, wer wir sind bzw. was es mit uns auf sich hat, beginnen wir zu verstehen, daß wir dem vieldimensionalen Reichtum unserer Zeit und unserer Welt nur deshalb sowenig Raum geben, weil wir ständig dem Haß, der Gier und der Verblendung aufsitzen, d.h., immer wieder Vorstellungen und metaphysischen Weltbildern bzw. -systemen zum Opfer fallen, gewollten oder nicht gewollten Selbsttäuschungsprozessen unterliegen, insbesondere aber abstrakten Utopien nachjagen, so z.B. von der ›Menschheit‹ reden, statt uns dem einzelnen Menschen wirklich zuzuwenden, oder Rosen bewundern, aber die Rose vor uns nicht wirklich wahrnehmen. Wir sehen unter günstigsten Bedingungen vielleicht noch in diesem Herbst das im Wind bewegte Blatt, nicht aber mehr die verborgene Wirklichkeit, die es bewegt.

Der Zen-Weg, wenn wir ihn gehen, befreit uns von dem, was uns leiden macht, was uns quält und was unersättlich werden läßt. Er zeigt uns unsere Überaktivität, die uns, wenn auch unter dem Vorwand, die Welt zum Besseren verändern zu wollen, permanent in die Irre treibt. Wir relativieren auf diesem Weg die Bedeutung unseres machtbesessenen Ichs, die Relevanz des Cartesischen Satzes »Ich denke, also bin ich« zugunsten nicht mehr des Werdens, sondern des Loslassens. Als Haejin in unserem Film von einem Felsen ins Wasser stürzt, droht er zu ertrinken, weil er sich mit seinem ganzen Körper verzweifelt wehrt. Doch dann plötzlich, also intuitiv, hält er inne, legt er sich auf den Rücken, um still und regungslos jetzt auf dem Wasser dahinzutreiben, ruhig atmend, bis er am festen Kieselstrand landet.
Zen will uns Menschen davor bewahren, das Glück nur in unserem eigenen Schatten, unsere Wahrheit nur in unserer eigenen Spiegelung zu suchen.
Für den Tod des Meisters steht das vom silbernen Licht des unsichtbaren Vollmondes übergossene Schilf, das sich im Wind beugt und wieder aufrichtet: Aufhebung der Grenze zwischen Subjekt und Objekt, zwischen Wirklichkeit und Traum, in einer Harmonie von Licht und Klang (von Paul Celan kennen wir das schöne Wort vom ›Lichtton‹), durch die nichts Abbild bleibt, sondern nur noch in unverstellter Weise aus sich selbst heraus spricht. Der Betrachter hört schließlich auf, sich vom Betrachteten zu unterscheiden. Er ist angekommen. Wir werden nicht weltfremd, wenn uns die Welt, vor allem die Welt unseres alltäglichen Wahns, auch häufig

fremd bleibt. In dieser Fremdheit können wir aber erst wirklich begreifen, was die Welt, in der wir leben, im Innersten zusammenhält. Dazu bedarf es der Übung im Za-zen, im Stillsitzen, in eins mit der permanenten Selbsterfahrung, der Wahrnehmung alles dessen, was um uns, in uns und durch uns geschieht.

So ist der Aufbruch Bodhi-Dharmas in den Orient zugleich ein Aufbruch zu uns als auch in die reale Welt, die uns so zum Experimentierfeld unserer gewiß auch weiterhin stets sehr mühsamen Gehversuche wird. Ich will damit unterstreichen, daß in dem Maße, in dem wir uns zu unserem Selbst aufmachen, wir auch die Welt unseres Alltags neu erfahren. Mit Václav Havel können wir sagen: »Jetzt, da ich in der praktischen Politik stehe, sehe ich diese Überzeugung keineswegs widerlegt, sondern bestätigt: Bei jedem Problem bemerke ich früher oder später, daß sich dahinter die existentielle Frage nach dem menschlichen Bewußtsein (d.h. nach seinem Wachbewußtsein) verbirgt.« Dabei gibt es eine Vielzahl von Wahrnehmungsformen – auch unseren Tod, unsere Ängste, unsere existentiellen Unsicherheiten, unsere Zuneigungen und Abneigungen. Unser »Dasein fließt endlos durch die geöffnete Schleuse und mündet schließlich in der Leere. Dann erscheint wieder der Raum der Leere, der das ganze Universum enthält, in seiner vollen Größe.«

Im Zen führt die Leere über die Meditation zum vollständigen Erwachen, zur ›Selbst‹-Erkenntis, wobei dieses ›Selbst‹ formlos und demzufolge auch unverfügbar ist: Es bleibt namenlos. Von Haß, Gier und Täuschungen befreit – Eigenschaften, die uns unser Selbst nicht erkennen lassen –, transzendieren wir das ausschließlich materielle Leben und erlangen so Spontaneität und unsere ursprünglichen Impulse, die unser Kindsein einst ausmachten, zurück. Der Grundimpuls – was unsere Suche, unseren Aufbruch in das Nichtversicherbare, Zen, in das Namenlose, Tao, bestimmt – ist jedoch stets das Geschenk der Inspiration, die wir nicht erzwingen können, sondern die uns täglich als Gnade geschenkt wird oder ausbleibt. Der konkrete Inhalt dieser Inspiration sind unsere Fragen nach dem Woher, Wohin und Wozu. Die Fragen lassen uns offenbar nicht mehr los; sie lassen uns philosophieren. Darüber hinaus lassen sie uns auf eigentümliche Weise einsam werden. Sie sind der ontologischen Differenz zwischen uns selbst und jener Dimension der Zeitlosigkeit geschuldet, für die die ›Vergangenheit‹ wirklich vergangen und die ›Zukunft‹ noch nicht da ist, uns noch nicht erreicht hat. Die Räumlichkeit, die unsere Einsamkeit dabei umgibt, ist wiederum die Leere. Durch sie wird unsere Realität transparent – vorrangig die Dinge, die uns umgeben, wie unsere Gefühle, Leiden (-schaften), unsere sozialen und familiären Bindungen, Freundschaften, Zu- und Abneigungen, unsere Liebe und Freiheit. Der Zen-Weg ist mit anderen Worten ein ›weltlicher‹ Weg, jenseits aller Vorstellungen von heiler göttlicher und irdisch sündhafter Welt. Der Zen-Meister bürdet sich das elternlose Kind auf, weil keine Meditation etwas wert ist, wenn ihr die Liebe fehlt. Sie glüht wie das Feuer, in das wir uns im Geheimnis des Nichts auflösen.

Die Lehre Buddhas ist in höchstem Maße subversiv, indem sie die in West und Ost nach wie vor bestehenden Macht- und Herrschaftsstrukturen in Frage stellt. Der Buddha will, daß wir uns in dieser Welt engagieren, uns auf sie einzulassen und – während wir dies tun – trotzdem bindungslos bleiben. Wir gehen auf dem Wasser und lassen uns doch nicht vom Wasser berühren. Wir fliehen nicht, bleiben den Zeit-Problemen auf den Fersen, d.h., wir lassen uns auch weiterhin auf die Probleme ein, die das Einlassen, von dem ich hier spreche, nun einmal mit sich bringt. Und trotzdem bleiben wir im Innern unberührt.

Jeder von uns kann das lernen, so daß in dem Maße, in dem wir in dieser Gelassenheit immer wieder unser Gleichgewicht finden, auch allmählich unsere Ängste verschwinden, die uns heimsuchen, wenn wir uns, wie bisher, mit der Welt, in der wir leben, identifizieren.

Der Weg, den ich aufzuzeigen versuche, ist **ein** Weg, wenn auch meiner Überzeugung nach der erfolgversprechendste. Er geht von der Annahme aus, daß die Augen, mit denen wir sehen, und die Ohren, mit denen wir hören, nicht die einzigen Augen und nicht die einzigen Ohren sind, mit denen wir sehen und hören können. Denn wir leben nicht nur in unserem physischen Körper, sondern in einer Anzahl von weiteren Körpern, die nach Auffassung z.B. der klassischen Yoga-Lehre hüllenartig um uns selbst, unser ›atman‹, angelegt sind.

So besitzen wir die Fähigkeit, von der sich jeder von uns überzeugen kann, über die ausschließlich physischen Schranken unsers Seins, über die uns allen mehr oder weniger vertraute dreidimensionale Zeit und den gleichfalls dreidimensionalen Raum hinaus, weitere Dimensionen sehen und hören und auch erkennen zu können. Aber auch dazu bedarf es erst der Übung. Entscheidend ist, daß wir begreifen lernen, daß die instrumentelle Vernunft unsere Wirklichkeit verfehlt. Diese ›Wirklichkeit‹ oder was wir davon als Wirklichkeit, als ›Realität‹ anerkennen, wird spätestens dann zu einer Illusion, zu einer Täuschung, wenn wir uns mit ihr identifizieren und uns ihr unterwerfen.

Die Wirklichkeit ist stets mehr als das, was wir mit Hilfe unseres analytischen Verstandes unter Zugrundelegung der vier uns bekannten Grund-Sätze des Denkens als Wirklichkeit anzuerkennen gewillt sind. Wir beginnen die Wirklichkeit also erst von dem Augenblick an wirklich zu verstehen, wenn wir sie durch das ›Nicht-Denken‹, wie es im Zen heißt, durch den Bewußtseinszustand jenseits aller Gedanken, zu begreifen lernen. Mit anderen Worten: Nur durch ›Nicht-Denken‹ erlangen wir jenen von uns erwünschten Zustand der Einheit und eben nicht durch die aristotelische Denkweise, die wir alle mehr oder weniger gut gelernt haben.

Diese Logik begreift nur einen winzigen Ausschnitt unserer Wirklichkeit. Je analytischer diese Logik inzwischen wurde, desto weniger weiß sie wirklich Bescheid, so daß schon heute der westliche analytische Verstand sich in der Situation befindet, immer mehr über im Grunde nichts zu wissen. Was vor unseren Augen abläuft, wenn wir sie schließen, ist Denken in permanenten Vorstellungen, aber die Präsenz, angesichts derer dieses Denken in Form solcher Vorstellungen abläuft, ist wieder dieses ›Nicht-Denken‹ bzw. das Wissen, von dem im Zen die Rede ist und das aus der schweigenden Leere in uns zu uns kommt. Um das und um dies allein geht es in der Zen-Meditation.

Unsere ›letzte Wahrheit‹ ist die schweigende Leere, wir können auch sagen, das Urschweigen. Aus diesem Urschweigen erwachsen uns alle Klänge, Gedanken, Bilder und Träume: aus dem völligen Ausgeleert-Sein, vorher nicht. Als erstes entspannen wir und lernen unsere stille Leere, die unsere innere Wirklichkeit ist, kennen: Dem Ein-Atmen und dem Aus-Atmen folgt jeweils schweigende Leere. Wir erfahren uns als Teil der kosmischen Stille und den inneren Sinn des Lebens.

Dieses Leben kennt dann keine Beschränkungen und Ausgrenzungen mehr; es beginnt nirgendwo und endet nirgendwo. Es ist das Unendliche, das Ewige. Im Raum wie in der Zeit ist und bleibt das Leben unverfügbar, undefinierbar und namenlos.

Wenn wir, diesem ›Weg‹ folgend, wieder die geringfügigen Dinge zu betrachten lernen, wenn wir fähig werden, wirklich in Freiheit zu leben und andere nicht mehr daran hindern, Gleiches zu tun, dann gewinnt die Welt einen neuen Charakter. Wir erfahren, daß wir auch mit einem Minimum an materiellen Mitteln auskommen, um unsere Bedürfnisse zu befriedigen. Und es gelingt uns, Abhängigkeiten und Fixierungen zu lösen. Nur auf diese Weise gewinnen wir Flexibilität, auf uns selbst überhaupt zugehen zu können! Ein radikaleres antikapitalistisch-antibürgerliches Programm kenne ich bis heute nicht.

Ein meditatives Leben erfordert eine gewisse Fähigkeit, unseren eintrainierten Geist zurückzulassen, ins Schweigen einzutreten und, was ganz sicher jedem von uns noch schwerfällt, ein uneingeschränktes, reines Nichts zu sein. Erst dann erfahren wir die Erde, den Himmel, unsere Mitmenschen, die Tiere, die Pflanzen und das Mysterium des Lebens neu – von materiellen Dingen abhängig sind wir dann kaum noch.

Auch das vermindert unsere Sorgen und Ängste und macht uns auch unabhängig von den Erwartungen anderer.

Der östliche Weg hat – im Gegensatz zum westlichen, europäisch-abendländischen Weg – das Nichts nicht durch den analytischen Verstand, die aristotelische Logik, sondern eben durch Meditation erreicht. Das Nichts, gegen das die abendländische Metaphysik ihren Aufstand probte und noch immer probt, löst im Osten keine Furcht aus. Ganz im Gegenteil – es schafft Freiheit, öffnet Türen und zerstört alle Begrenzungen, Ausgrenzungen und Einseitigkeiten, die unsere Logik kennt und die sich demzufolge auch immer wieder nur um ihre eigene Achse dreht. Für den Osten ist und bleibt der analytische Verstand das bloße Produkt einer spezifischen Erziehung und Bildung, eine spezifische Tätigkeit bzw. Verhaltensweise, der die Wahrheit verschlossen bleibt.

Der analytische, sich alles zu einer ›Vorstellung‹ machende Verstand ist und bleibt nur für das Begrenzte zuständig, das im Zen geübte ›Nicht-Denken‹ für das Unbegrenzte, Offene, die lichtende Weite. Zen hat auch nichts mit unseren bisherigen

europäisch-abendländischen Denkfortschritten zu tun, sondern stellt eine ursprüngliche Erfahrung dar, die durch keinen industriell-wissenschaftlich-technischen Fortschritt eingeholt werden kann.
Zen ist der Weg zu unserem Eigentlichen: Alles geschieht, alles ereignet sich.
Auf dieser Suche nach dem eigentlichen Sein unserer Existenz, auf der Suche nach unserem Ur-Gesicht, dem ungeschminkten Gesicht, entsteht in uns Stille, Freude, Lebendigkeit, die, wenn sie einmal erfahren wurde, auch unzerstörbar ist; sie kehrt immer wieder.
Wenn wir völlig deprogrammiert bzw. dehypnotisiert sind, sind wir nur noch das reine Nichts, nur noch Stille. Um der damit angesprochenen Zufälligkeit unserer Existenz zu entgehen, entdecken wir vor allem unsere Sehnsucht, unangefochten wie Gott zu sein, um aber dann doch nur wieder zu erkennen, daß wir gerade das nicht sein können, auch wenn wir im Blick auf ein solches Gottesbild uns möglicherweise noch lange vor dem Blick in den Abgrund – in das Nichts – hüten. Aber gerade unsere Erwartungshaltung, in diesem Fall auf Gott gerichtet, kennzeichnet genau wieder jene Hölle, in die wir uns immer wieder verlaufen, statt daß wir den Sucher in uns entdecken und den ›Weg‹ ohne jede noch so reizvolle Erwartungshaltung gehen.
Bodhi-Dharma brachte die Botschaft Buddhas nach China. Dort mischte sie sich mit der Lehre des Tao, die äußerst lebensbejahend war.
Die orthodoxen Buddhisten erkennen Zen nicht als ihrem Glauben zugehörig an. Zen verbindet in der Tat auch die Einsichten Buddhas mit den Einsich-

ten Lao-tses, mit anderen Worten die Meditationstechnik Buddhas mit der Natürlichkeit Lao-tses, des Tao. Samadhi, völliges Erwachen, ist entsprechend der Lehre Lao-tses reines, natürliches, alltägliches Leben.

Sobald wir in unserem Zentrum angekommen sind, können wir es unterschiedlich ausdrücken. Wir können z.B. das Yoga-System des ›patañjali‹ benutzen, wir sagen dann, wir befinden uns im Zentrum unseres Seins – ›sambodhi‹. Wir können aber auch das Tantra-System nutzen. Dann sagen wir, daß das Zentrum unseres Seins in unserer Lebensenergie, symbolisiert in Shiva und Shakti, liegt. Entscheidend ist nur, daß es immer wieder nur um das eine geht: darum, im Hier und Jetzt zu sich selbst zu finden, um alles, was nicht dazugehört, fallenzulassen.

Wir sind. Und wir wollen auch wissen, wer wir tatsächlich sind. Wenn wir dieser Frage nachgehen, befinden wir uns auf dem Weg zu sein. Dabei ist die von mir schon erörterte Unerklärbarkeit des Lebens, des Seins, seine Unerkennbarkeit und Unberechenbarkeit wieder das, was dem Leben die entscheidende Kraft gibt. Wenn alles berechenbar, alles mathematisch und logisch wäre, würde das Leben schließlich seine Schönheit und seinen Glanz verlieren und wir selbst zu wandelnden Leichen werden.

Za-zen, um darauf zum Schluß noch einmal zurückzukommen, heißt: an der innersten Quelle still zu sitzen und nirgendwo mehr hinzugehen – eine ungeheure Kraft steigt in uns auf, hin zu voller Lebensbejahung, zu Mitgefühl und Kreativität.

Was sich im stillen Sitzen vollzieht, kann viele Formen annehmen. Entscheidend ist nur, daß wir lernen, wirklich in unserem Zentrum zu wohnen, von dem aus sich unser Leben entfaltet. Um es noch weiter zuzuspitzen: Wenn wir in unserem Zentrum still sitzen, können wir auch erst uns wirklich einem anderen Menschen liebend zuwenden und uns ihm hingeben, ohne daß daraus wieder neue Abhängigkeiten erwachsen. Denn wirkliche Liebe läßt es nicht zu, daß wir uns von uns wegbewegen. Ganz im Gegenteil: Sie zwingt uns, unser Ur-Gesicht zu sehen und damit offen für uns selbst zu werden.

Liebe ist deshalb auch die tiefste Erschütterung, die wir erfahren können. Wenn sie uns ›heimsucht‹, müssen wir sie zulassen, wenn wir an ihr nicht zugrunde gehen wollen. Erst recht gilt hier wie im Za-zen, einfach nur zu sein, woraus eine tiefe Dankbarkeit gegenüber allem Lebendigen erwächst. Wenn es uns daher gelingt, wenigstens fünf Minuten am Tage einfach nur zu sein, reicht das völlig aus, um uns an unsere Buddhaschaft zu erinnern. Wir sind dann in zweierlei Hinsicht zu Entdeckern geworden: Im Hinblick auf die Außenwelt sind wir u. a. als Wissenschaftler die Nachfolger Galileis, Kopernikus', Kolumbus' und im Hinblick auf unsere Innenwelt die von Buddha.

Wir werden in Zukunft, um in diesem Bild zu bleiben, die Eigenschaften eines Wissenschaftlers mit den Eigenschaften eines Buddhas verbinden müssen, wenn wir aus der Schwierigkeit unserer derzeitigen Lage herauskommen wollen: ungeheuer interessiert an der äußeren und in gleicher Weise

ungeheuer interessiert an der inneren Welt, der Suche nach uns selbst, nach unserer Buddha-Natur.
Im Abendland glaubt man, daß das ›Ziel‹ von Zen darin bestehe, sich aus und von der Welt zu lösen. Das ist nicht der Fall. Es geht vielmehr darum, sich in Auseinandersetzung mit der Welt erst einmal selbst in seinem Woher, Wohin und Wozu zu erkennen, bevor man der Gesellschaft etwas geben kann, was von Wert ist.
Die ausschließlich materielle Freiheit gibt uns nicht die wahre Freiheit; die ausschließlich materielle Freiheit führt, wie wir heute schon sehen, zur erneuten Sklaverei. Zen lehrt: Tief in uns liegt der Schlüssel verborgen, der uns hilft, unsere Probleme zu lösen.
Zum Abschluß möchte ich dem alten Zen-Meister in ›Warum Bodhi-Dharma in den Orient aufbrach‹ das letzte Wort geben: »Wenn du den in dir verborgenen Mond befreien kannst, wird er Himmel und Erde beleuchten, und sein Licht wird alle Schatten aus dem Universum vertreiben. Wenn du das begreifst, hast du alles begriffen, dann wirst du ein Universum erlangen, in dem Tag und Nacht eins sind. Dieses Eins wird absolut vollkommen sein, und alles wird darin in Erfüllung gehen … Dieses namenlose Eins ist dein Gesicht vor der Geburt, dein Körper vor der Geburt deiner Eltern. […] Kibong, ich übergebe dir dieses Koan; du mußt Eifer und Ausdauer bewahren, um es zu verstehen.«